"꿈꾸고(Dream) 도전하라(Do)!"

이 책《두드림, 불가능을 즐겨라》를 읽고
꿈을 두드리는 사람은
누구나
원하는 것을 얻게 되리라.

성공을 부르는 마법의 힘을
_____님에게 드립니다.

_____ Dream

년   월   일

두드림
불가능을 즐겨라

두드림 *DoDream*

불가능을 즐겨라

Enjoy The Impossible!

MBN Y 포럼 사무국

매일경제신문사

Do Dream

Do Dream

Do Dream

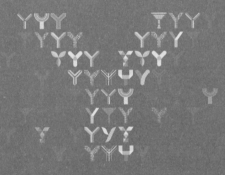

불가능을 즐겨라
Enjoy The Impossible!

Part 1

인생을
바꾸는
세 가지 보석

꿈을 이뤄주는
두드림의 기적

가슴 뛰는 단어 성공을 만들어낸 사람들에게는 어떤 DNA가 있을까? 성공한 사람은 타고난 것일까, 죽어라 노력하면 누구나 성공할 수 있을까.

MBN 기자들이 지난 3년 동안 크고 작은 성공을 거둔 수많은 사람의 성공 사례를 분석해봤다. 수많은 글로벌 리더를 비롯해 주요 기업 CEO 및 창업자, 정치 지도자, 연예인, 석학들과의 인터뷰 내용과 책을 통해 그들의 성공 비밀을 찾아낼 수 있었다.

그런데 그 성공의 법칙은 아주 사소하지만 위대한 것이었다. 누구나 생각하면 다 알 수 있는 것이지만 대다수가 삶에 쫓겨, 아니면 생활에 지쳐 쉽게 잊고 사는 것이었다.

그 비밀은 무엇일까. 바로 '두드림DoDream'이라는 세 글자다. 누구나 꿈꾸고Dream 도전하면Do 꿈을 이뤄낼 수 있다. 그런데 그 꿈을 이루려면 두드리고 또 두드려야 했다. 쉼 없는 두드림이 꿈에 다가가게 해줬고 '자기 혁명'의 혜안을 제공해줬다.

두드림은 매우 중의적인 표현이다. 한 단어가 여러 가지 의미로 해석된다. 성공 비밀 두드림은 바로 여기에서 시작한다.

두드림의 비밀은 '두드려라'는 것이다. 북을 치려면 북을 두드려야 한다. 닫힌 문을 열려면 문을 두드려야 한다. 문자를 보내거나 검색하려면 키보드를 두드려야 한다. '결과'를 얻어내려면 무엇이든 '행동'이 있어야 한다는 단순한 진리를 말하는 것이다.

또 다른 두드림의 의미도 있다. 대학에 들어가려면 대학의 문을 두드려야 한다. 취업하려면 취업의 문을 두드려야 한다. 해외 시장에 진출하려면 해외 시장의 문을 두드려야 한다. 꿈을 이루려면 자신의 꿈을 두드려야 한다는 것이다.

꿈을 이뤄주는 성공의 비밀은 바로 두드림이다.

성공의 시작을 알리는 두드림

세상의 모든 일은 두드림에서 시작된다. 성경에도 "두드려라. 그러면 열릴 것이다"라는 구절이 있지 않은가.

이 두드림에는 울림이 있다. 원하는 것, 구하는 것을 향해 간절하게 두드릴 때 원하는 것, 구하는 것을 얻게 된다. 세게 두드릴수록 더 큰 울림으로 다가오고, 더 많이, 더 자주 두드릴수록 문은 쉽게 열리게 된다. 더 크게 두드릴수록 자신을 울려, 가슴을 더 벅차오르게 하고 그 울림은 주위로 울려 퍼진다.

그런데 성공한 사람들은 한결같이 '큰 꿈Big Dream'을 두드렸다. 원대한 꿈을 품고 그 꿈에 다가가기 위해 자기 자신을 수도 없이 두드렸다. 한 번 두드려 열리지 않으면 또 두드리고 두드렸다. 수백 번, 수천 번 두드려도 열리지 않는 경우도 많았다. 그렇지만 좌절하지 않고 다시 두드렸다.

성공 비밀 두드림이 말하는 '두드린다'는 것은 이처럼 꿈에 다가가기 위한 '몸짓', 즉 '실행'을 말한다. 성공의 시작은 바로 이 몸짓, 두드림에 있다.

인생을 바꿀 첫 번째 보석, 갈망의 두드림

성공은 어디에서 시작될까. 내 삶에서 간절히 원하는 것, 바로 꿈을 갖는 일에서 시작된다. 꿈을 갖게 되면 할 일이 생긴다. 내 차 구입의 꿈을 세웠다면 돈을 벌고 모으는 방법을 고민하게 된다. 원하는 대학 입학의 꿈을 꾼다면, 공부할 필요성을 느끼게 된다. 가수를 꿈꾼다면 노래 연습을 시작해야 한다.

꿈을 꾼 다음에는 그 꿈을 이뤘을 때의 기쁨을 미리 머릿속으로 즐겨야 한다. 상상만으로도 즐거운 일이기 때문이다.

인생을 바꾸고 싶은가. 인생을 행복하게 하고 싶은가. 그렇다면 인생을 바꿀 첫 번째 보석을 두드려야 한다.

인생을 바꿀 첫 번째 보석은 '갈망의 두드림'이다. 성공한 사람들은 그들이 꼭 이뤄야 할 간절한 꿈이 있었다. 왜, 그 꿈을 이뤄야 하고 왜 내가 그 꿈의 주인공이 돼야 하는지, 분명한 신념이 있었다. 남들이 이해하기 힘들 정도의 간절함과 갈망이 있었다. 딱 무엇이라고 설명하기 힘들 정도로 매우 강한 집착과도 같은 집요한 갈망이 있었다. 그 꿈을 이루기 위해 끊임없이 노력했고 결코 포기하지 않았다.

Do Dream

갈망의 두드림 따라 하기

- ✓ 무엇인가를 갈망하라.
- ✓ 항상 좋은 결과를 갈망하라.
- ✓ 최악의 상황에서 최고의 결과를 갈망하라.
- ✓ 내 삶의 갈망이 무엇인지 찾아내라.
- ✓ 내 것으로 만들기 위해 갈망을 두드려라.
- ✓ 갈망이 이뤄진 뒤의 기쁨을 생각하라.
- ✓ 잊고 있었던 꿈과 갈망을 다시 꺼내라.
- ✓ 갈망의 꿈이 기적을 만든다고 믿어라.
- ✓ 꿈은 이루어진다고 확신하라.
- ✓ 내 갈망의 두드림이 다른 사람의 희망이 되게 하라.
- ✓ 갈망의 두드림으로 자기 혁명을 일으켜라.
- ✓ 갈망의 두드림이 인생 역전을 부른다고 믿어라.
- ✓ 좌절의 순간에 나에게는 꿈이 있다고 외쳐라.
- ✓ 갈망을 앞세워 꿈을 향해 질주하라.

인생을 바꿀 두 번째 보석, 생각의 두드림

성공한 사람들은 생각이 남달랐다. 자신만의 꿈에 다가가는 방법을 고민하고 또 고민했다. 꿈을 이뤘을 때의 기쁨을 생각하기도 하고 실패했을 때 좌절한 자신의 모습도 상상해봤다. 그런데 남달랐던 것은 자신만의 '실행의 법칙'을 찾아냈다는 점이다. 성공한 사람들의 사연을 벤치마킹하고 성공에 이르는 길에 대한 생각을 멈추지 않았다.

인생을 바꿀 두 번째 보석은 '생각의 두드림'이다. 꿈에 대한 갈구, 꿈에 대한 갈망을 현실로 만들기 위해 끊임없이 상상의 나래를 폈다. 머릿속으로 꿈을 성취하는 좀 더 구체적인 방법들을 생각하며 성취의 기쁨을 날마다 머릿속으로 즐겼다.

베스트셀러 《시크릿》에서 제시했던 성공 비밀 '끌어당김의 법칙Law of Attraction'을 철저히 활용했다. '끌어당김의 법칙'이란 우리 인생에 나타나는 모든 현상은 우리가 끌어당긴 결과라는 것이다. 좋은 결과를 끌어당기면 좋은 결과가, 나쁜 결과를 끌어당기면 나쁜 결과가 찾아오게 된다.

따라서 현재의 상황이 마음에 들지 않으면, '끌어당김의 법칙'에 따라 더 밝은 미래의 모습을 간절히 상상하고 확신하면 달라진 미래를 끌어

DoDream

생각의 두드림 따라 하기

- ✓ 갈망을 성취하는 방법을 끝없이 찾아라.
- ✓ 하루, 이틀에 안 되면 일주일, 1년을 고민하라.
- ✓ 고민하면 해법이 생긴다고 믿어라.
- ✓ 지혜가 생길 때까지 생각을 멈추지 마라.
- ✓ 해법을 찾는 '끌어당김의 법칙'을 작동시켜라.
- ✓ 생각의 꼬리 물기를 즐겨라.
- ✓ 무한한 상상력의 세계에 빠져라.
- ✓ 날마다 생각의 두드림에 빠져라.
- ✓ '나는 할 수 있다'라는 생각을 두드려라.
- ✓ 생각의 두드림으로 일을 즐기는 방법을 찾아라.
- ✓ 불가능에 도전하는 생각을 꺼내라.
- ✓ 불행, 실패, 가난, 장애의 늪을 탈출할 생각을 해라.
- ✓ 꿈을 이룬 뒤 느낄 기쁨을 상상으로 즐겨라.
- ✓ 생각의 두드림이 미래를 밝힌다고 믿어라.

당길 수 있다. 성공한 많은 사람들은 '생각의 끌어당김'으로 꿈을 이룰 구체적인 방법을 수없이 끌어당겼다.

인생을 바꿀 세 번째 보석, 실행의 두드림

아무리 큰 꿈을 갖고 있더라도, 아무리 꿈을 이룰 생각이 원대하더라도 실행이 없으면 무용지물이다. 성공한 사람들은 남다른 '실행력'이 있었다. 끈기와 인내, 오기로 원하는 목표를 향해 달려가는 강한 집념이 있었다. 꿈을 이룰 수 있다는 강한 믿음으로 자기 최면을 불어넣었다.

인생을 바꿀 세 번째 보석은 '실행의 두드림'이다. 우리 속담에 '구슬이 서 말이라도 꿰어야 보배'라는 말이 있다. 아무리 뛰어난 재주와 재능이 있더라도 노력하지 않으면 아무것도 이룰 수 없다는 말이다. 인생을 바꿀 세 번째 보석 실행의 두드림은 꿈을 실제로 이룰 수 있도록 해주는 가장 강력한 수단이다.

성공한 사람들은 꿈꾸고 생각하는 데서 머물지 않았다. 생각한 내용을 앞세워 실행하는 데 주저하지 않았다. 원하는 꿈을 이루기 위해 문을 두드리고 또 두드리고, 넘어져도 다시 일어나 두드리는 뚝심을 발휘

Do Dream

실행의 두드림 따라 하기

- ✓ 실행만이 살길이라고 믿어라.
- ✓ 원하는 게 있으면 당장 실행하라.
- ✓ 갈망, 생각, 실행 중 '실행'에 가장 집중하라.
- ✓ 실행의 두드림이 인생을 바꾼다고 믿어라.
- ✓ 꿈이 열릴 때까지 실행의 두드림을 멈추지 마라.
- ✓ 두드리면 열린다는 성공의 진리를 믿어라.
- ✓ 과감한 '결단'으로 실행의 기쁨을 즐겨라.
- ✓ 실행이 없으면 어떤 결과도 없음을 알라.
- ✓ 실행의 두드림으로 성공의 문을 열라.
- ✓ 하루하루 실행의 두드림에 최선을 다하라.
- ✓ 차고 넘치는 실행으로 자신감을 만들어라.
- ✓ 포기 없는 실행의 두드림으로 꿈을 완성시켜라.
- ✓ 당장 시작해서 '희망의 씨앗'을 뿌려라.

했다.

힘들고 험한 길도 마다하지 않았다. 꿈을 이룰 수 없는 최악의 상황이 돼도 그 속에서 다시 일어나 꿈을 두드렸다.

두드림의 소중한 결과물, 상상 현실

성공한 사람과 보통 사람과의 가장 큰 차이는 어디에 있을까? 그것은 성공한 뒤, 꿈을 이룬 뒤의 미래에 대해 무한한 '상상력'을 발휘했다는 사실이다. 그리고 꿈은 꼭 이루어진다는 강한 믿음을 갖고 있었다. 불가능을 가능으로 바꾸는 놀라운 '실행력'을 발휘했다. 이루기 힘든 목표, 달성하기 힘든 꿈, 거의 불가능에 가까운 일, 즉 불가능 자체를 즐겼다.

인생을 바꿀 세 가지 보석인 갈망, 생각, 실행의 세 가지 두드림을 가슴속에 담고 자신이 꼭 성공의 주인공이 될 것이라는 믿음, 자신감을 가졌다. 그 자신감은 상상을 현실로 만드는 신기한 마법의 힘을 발휘했다. 두드림의 소중한 결과물 '상상想像, Imagination 현실'을 잉태시킨 것이다.

이제 성공의 주역들이 구체적으로 그들의 꿈을 어떻게 두드려 성공의 기쁨을 만끽했는지, 성공에 이르는 '비밀 독서'를 시작해보자.

이 책을 읽으면 나도 모르게 그들의 성공 법칙을 따라 하는 두드림의 실천자가 되어 있을 것이다. 동시에 두드림의 비밀을 세상에 널리 알리는 두드림의 지지자가 되어 있을 것이다.

DoDream

두드림 따라 하기

- ✓ 내 꿈을 찾아내라.
- ✓ 내 꿈을 갈망하고 두드려라.
- ✓ 갈망의 두드림에 빠져라.
- ✓ 내 꿈을 이룰 생각의 두드림을 시작하라.
- ✓ 내 꿈에 다가갈 실행의 두드림을 시작하라.
- ✓ 꿈이 가져다줄 상상 현실을 즐겨라.
- ✓ '갈망→생각→실행'이란 두드림의 끈을 놓지 마라.
- ✓ 날마다 두드림하라.
- ✓ 날마다 '드림 두(Dream Do)'하라.
- ✓ 꿈꾸고 도전하라, 끝없이 두드려라.
- ✓ 날마다 두드려 두드림의 신기한 기적을 경험하라.
- ✓ '캔 두 정신'으로 무장하라.
- ✓ 두드림 정신으로 불가능을 즐겨라.
- ✓ 두드림의 기적을 가족, 친구, 동료에게 전파하라.

Do Dream

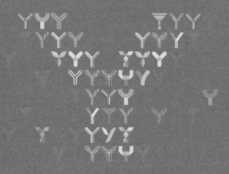

불가능을 즐겨라
Enjoy The Impossible!

Part 2

성공의
비밀 열쇠
두드림

긍정으로 꿈을 이루는
두드림

박상영, 기적은 스스로 만드는 것이다

리우데자네이루 올림픽 펜싱 남자 에페 개인전 결승. 21세의 펜싱 선수 박상영은 10 대 14로 뒤진 절박한 상황이었다. 하지만 그는 '나는 할 수 있다'는 주문을 불어넣었다.

"나는 할 수 있다. 할 수 있다. 나는 할 수 있다."

긴박한 순간에 자신에게 두드림의 마법을 불어넣었다. 그 짧은 순간에 박상영은 어떻게 상대방을 제압할 것인가 하는 생각의 두드림을 작동시켰다. 동시에 1분간의 휴식 시간 내내 '나는 할 수 있다'는 자신감의 마법을 불어넣었다. 그리고 '찌르기 한 방'을 머릿속에 입력했다. 경기가 시작되고 생각의 두드림은 적중했다. 4점이나 뒤져 패배가 짙었지만, 두드림으로 무장한 그의 '캔 두 정신Can-do Spirit'은 기적을 만들었다.

  1분 휴식 중 짜낸 '찌르기 한 방'이라는 생각의 두드림은 신기하게도 그대로 적중했다. 15 대 14로 대역전 드라마를 쓰며 금메달을 따낸 것이다. 한국 펜싱 사상 최초로 올림픽 에페 부문 금메달리스트가 됐다. 이로써 박상영은 머릿속으로 갈망만 했던 올림픽 금메달이라는 꿈을 현실로 바꿔놓았다.

"운동을 처음 시작하면서

  세계 최고의 펜싱 선수가

  되겠다는 '갈망'을 가졌죠.

  그리고 펜싱이 장난감 놀이가

  될 정도로 '실행'에 집중했어요.

  경기에 임할 때는

  어떻게 이길 것인가

  '생각'에 골몰했죠."

무명의 검객에서 단숨에 올림픽 스타로 거듭난 박상영은 좌절의 순간이 많았다. 불과 올림픽 출전 1년 전에 열린 전국체전에서 1회전 탈락의 수모를 겪었다. 하지만 그를 살려낸 것은 실행의 두드림이었다.

"다시 해보는 거야!
열심히 연습하면 될 거야.
할 수 있잖아."

스스로 긍정의 최면을 불어넣으며 하루 8시간 실행의 두드림에 빠져 자신과의 싸움에 매진했다. 그 결과는 놀라운 위력을 가져다줬다. 국내 전국체전 1회전 탈락의 선수가 세계 1등 선두로 도약할 수 있는 마법을 가져다준 것이다. 성공의 비밀은 바로 '할 수 있다'는 실행의 두드림 정신에 있었다.

박인비, 세상일은 생각한 대로 이뤄진다

"이까짓 거, 반드시 넣을 수 있다."

이 말은 표정 없는 골프 여제 박인비가 퍼팅을 할 때 스스로에게 하는 긍정의 주문이다. 이 마법 같은 주문은 매번 기적을 낳았다.

겉보기에 박인비는 퍼팅을 할 때 큰 준비를 안 하는 것처럼 보이지만, 수많은 생각의 두드림에 빠진 후 행동에 옮긴다. 골프공을 어떤 강도로 쳐야할지, 그린의 라이lie, 기울기 각도가 어떤 상태인지, 공을 쳤을 때 어떤 모습으로 굴러가게 될지 수도 없이 머리를 굴린다.

그리고 상상하는 대로, 생각하는 대로 공이 굴러서 홀에 들어갈 것이라 믿고 실행의 두드림에 나선다.

신기하게도 박인비가 품었던 생각의 두드림대로 공은 꼭 홀에 들어간다. 박인비는 말한다.

"생각의 힘은 대단한 것 같아요.
어떤 방향으로, 어떤 힘의 세기로
쳐야겠다고 생각하고
그렇게 될 거라고 자신감을 가지면
생각대로 되는 것 같아요."

박인비는 골프를 칠 때마다 생각의 두드림에 집중한다. 드라이브를 어디를 보고 어떤 방향으로 쳐야 할지, 아이언으로 쳐야 할지, 우드로 쳐야 할지, 거리를 얼마나 멀리 보내야 할지, 모두 생각의 두드림이 먼저였다.

그리고 생각한 것을 그대로 실행의 두드림으로 옮겼다. 이때는 믿음이 있었다. 연습한 대로 될 것이라는 강한 확신 속에 스윙을 했다. 절대 결과가 잘못될 것이라고 의심하지 않았다. 그만큼 철저한 연습이 '믿음'을 갖게 해줬다.

"생각의 힘은

참 신기한 것 같아요.

남편과 생각을 주고받으면서

내년에는 브리티시여자오픈에서

우승하면 정말 좋겠다고 했는데,

그렇게 됐어요.

또 올해는 다른 대회

다 망해도 좋으니까,

올림픽에서 금메달만 딸 수 있으면

좋겠다고 말했는데 진짜 금메달을 땄죠."

골프 여제 박인비의 생각의 두드림은 원하는 모든 것을 이뤄주는 신기한 마법을 발휘했다. 박인비는 "3~4년 동안 절실하게 원하는 모든 게 말하는 대로, 마음먹은 대로 모두 이뤄졌다"며 갈망의 두드림은 신기한 힘이 있다고 말한다. 박인비는 조언한다.

"처음에는 전혀 현실성이 없었는데,

점차 현실이 되는 것을

내가 직접 겪고 나니,

어떤 것이든 이루지 못할 일은

없다는 것을 느꼈어요.

나는 사람들에게 허황된 꿈은 없으며

오히려 꿈은 높고 크게 잡아야

크게 성공할 수 있다고 조언하죠."

이 같은 박인비의 두드림은 2016년 리우데자네이루 올림픽 때 또 다른 신화를 안겨줬다. 손가락 부상으로 올림픽 출전 자체가 어렵다는 평가가 있었지만 박인비는 이를 극복하며 금메달을 따낸 것이다. 그것도 116년 만에 올림픽 종목으로 부활한 여자 골프에서 16언더파 268타로 세계 골프 역사상 첫 '골든 커리어 그랜드슬램'을 달성하는 명예까지 얻었다.

그녀는 어떻게 흔들리지 않고 이 같은 꿈을 이뤄냈을까.

"프로의 세계는 목표가 없으면 안 됩니다.

목표 의식 없이 즐기면서 재미있게

투어 생활을 하겠다고 생각한 순간,

경기에 매번 지는 경험을 하게 됐어요.

그러면서 깨달았죠.

프로 선수에게 목표가 없으면

절대로 안 된다는 사실을.

그리고 나를 즐겁게 하는 건

경기에서 이기는 데에 있다는 것을.

선수는 경기에서 이겨야 하고

경기에서 이기는 것이 선수를 즐겁고

행복하게 하는 첫 번째 길입니다."

박인비가 금메달을 거머쥘 수 있었던 것은 그녀가 가진 뚜렷한 목표,

즉 갈망의 두드림에 있었다. 박인비는 선수는 경기에서 이겨야 하고 경기에서 이겼을 때 가장 행복하다는 평범한 사실을 숱하게 경험하면서 그 행복을 계속해서 누리기 위해 매 경기 최선을 다했던 것이다.

알베르 카뮈, 절망 속에서 희망을 찾아냈다

1957년 노벨문학상을 받은 프랑스 문학의 세계적인 대문호 알베르 카뮈Albert Camus. 40대에 노벨문학상을 받아 놀라운 역량을 전 세계에 과시했다.

그런 카뮈는 아버지가 1차 세계대전에서 전사하는 바람에 가정부 생활을 하는 청각 장애인 홀어머니 밑에서 지독한 가난뱅이와 영양실조로 살아야 했다. 아버지가 돌아가신 것은 태어난 지 1년도 안 된 때였다. 가정 형편이 어려워 한집에서 어머니, 할머니, 형, 두 명의 외삼촌과 함께 살아야 했다.

엎친 데 덮친 격으로 17세 때 결핵까지 걸렸다. 그는 돈이 없어 폐결핵을 완치하지 못했고 일생 동안 요양과 입원을 되풀이해야 했다. 대학에 들어갈 엄두조차 못 냈다. 먹고사는 게 급했던 카뮈는 자동차 수리

공으로 취업을 했다. 전쟁과 가난, 죽음은 평생 카뮈를 따라다니는 덫이 되었다.

하지만 청년 카뮈는 '작가'를 향한 두드림만은 포기하지 않았다. 성실과 열정으로 20대 때 당시 거의 모든 작가들의 작품을 통독하며 프랑스 고전 문학을 마스터했다. 작가가 되려면 다른 작품을 읽는 게 먼저라는 생각의 두드림이 그를 움직이게 만든 것이다.

24세 때 첫 번째 수필집 《표리》에 이어 25세 때 두 번째 수필집 《결혼》을 선보이며 젊은 좌파 지식인들 사이에서 주목을 받기 시작했다.

과외, 신문사 인턴기자 등으로 돈을 벌어 생활하며 결국 알제대학교에서 철학 학사 학위를 받았다. '열정' 하나로 절망 속에서 자신을 우뚝 일으켜 세운 것이다.

"삶에 대한 절망 없이는 삶에 대한 희망도 없다."

이 같은 명언을 남긴 카뮈는 유년 시절 자신을 암울하게 했던 기억과 가난, 그가 태어난 알제리 서민가의 일상을 담아 처녀작 《이방인》이라는 걸작을 내놓았다. 세상은 그의 철학이 담긴 이 작품에 경외감을 드러냈다.

폐결핵의 고통 속에서도 걸작 《이방인》, 《시지프 신화》, 《페스트》, 《반항하는 인간》 등을 내놓아 '실존주의'라는 철학적 사조를 완성해내며, '부조리 문학'의 새 영역을 개척해냈다. 삶의 역경과 절망을 딛고 '문학인'으로 세상에 우뚝 서겠다는 큰 두드림과 집념이 만들어낸 결과였다.

"인생이란 그 자체로

의미와 가치를 갖고 있는 것이다.

다른 한편으로 인생이란

근원적으로 무의미하고 불합리한 것이다.

삶이란 모순 덩어리이며

합리와 비합리, 도덕과 배신, 고통과 기쁨, 삶과 죽음 등

서로 상반된 것들, 부조리가 양립하고 있다."

카뮈는 우리의 인생과 삶에 소중한 교훈을 제시하고 있다. 바로 '부조리不條理'라는 단어다. 우리는 살면서 "내 삶은 왜 이래", "왜 나만 재수가 없는 거야", "난 왜 불행하게 태어난 거야", "왜 우리 부모는 재벌이 아닌 거야", "난 왜 가난한 거야", "난 왜 영어 공부가 필요 없는 미국인으로 안 태어난 거야" 등 말도 안 되는 질문을 하면서 산다.

실제로 세상은 말도 안 되는 일들이 일어나고 그런 모순 덩어리로 가득 차 있다. 중요한 것은 그 모순을 숙명으로 받아들이고 절망 속에서 자신을 건져내야 한다는 점이다. 절망 속에서 일어나서 희망을 두드려야 한다. 절망 속에서 희망의 등불을 밝혀내야 성공의 두드림이 기다리고 있다.

'MBN Y 포럼팀' 취재 결과 성공한 사람들은 환경을 탓하지 않았다. 나만 왜 이러냐고 불평하지도 않았다. 삶을 있는 그대로, 내가 처한 현실을 있는 그대로 받아들였다.

긍정의 두드림으로 수도 없이 "잘될 거야"라고 외치며 '희망가'를 노래했다. '잘된 상황'을 머릿속으로 그리며 두드림의 원대한 꿈을 키워나갔다.

노엘 갤러거, 긍정의 힘을 믿었다

밴드 '오아시스' 출신의 세계적 록 스타 노엘 갤러거Noel Gallagher. 영국에서 가장 멋진 남자, 〈칼리지타임스CollegeTimes〉에서 선정한 25년 동안 가장 뛰어난 작곡가, 싱어 송 라이터, 기타리스트 등 각종 찬사를 받고 있다. 별명도 '대장The Chief'이다.

그의 성공은 어디에서 비롯된 것일까. 긍정의 두드림이 그를 세계적 인 가수로 만들어놓았다. 노엘 갤러거의 가정환경은 매우 폭력적이었 다. 바람둥이에 도박꾼, 폭력에 욕설이 잦은 아버지의 영향으로 매우 불우한 어린 시절을 보내야 했다.

말을 더듬는 습관 때문에 4년 넘게 언어 장애 치료를 받아야 했고 숱 한 폭행에 시달려야 했다. 아버지의 강요로 막노동판에서 일해야 했다. 하지만 노엘 갤러거는 환경을 탓하지 않았다. 오히려 아버지가 기타를 치는 모습을 보고 역경을 탈출할 두드림을 생각해냈다.

"그래, 멋진 기타리스트가 되는 거야.
작곡도 하고 노래도 부르고
세상을 깜짝 놀라게 할 가수가 되는 거야."

꿈을 갖게 되자 세상이 더 아름답게 보였다. 힘든 상황이 닥쳐도 힘 들지 않았다. 오히려 "다 잘될 거야. 지금보다 상황이 더 나빠지겠어?" 라고 자신을 위로했다.

"전날 아빠에게 무섭게 맞아도

오늘은 어떤 멋진 일이 생길까,

어떤 일이 나를 기쁘게 해줄까,

설렘으로 아침을 맞이했어요."

이 같은 긍정의 두드림은 신기하게도 노엘 갤러거의 운명을 희망으로 바꿔주었다. 엄마가 소년 노엘 갤러거의 기타 솜씨에 반해 비싼 기타를 하나 사주었다. 시간이 날 때마다 기타를 잡고 희망을 키웠다. 막노동을 하다 발목뼈를 다쳐 사무실에서 공구 작업을 하게 됐다. 덕분에 기타를 두드릴 일이 많아졌고 4곡이나 작곡했다. 이것이 노엘 갤러거의 운명을 바꿔놓는 계기가 됐다.

"하루하루를 희망 없이

가난과 폭력의 가정에서 자랐지만,

항상 잘될 거라는

생각을 멈추지 않았어요.

항상 긍정적인 생각으로 산 결과

비틀스의 재림이라는 칭송을 얻을 수 있었어요."

갤러거는 가수를 꿈꾸며 맨체스터 밴드인 인스파이럴 카페츠Inspiral Carpets 싱어 오디션에 응모했다. 오디션에 떨어졌다. 하지만 꿈을 접지 않았다. 오히려 밴드 스텝으로 일할 기회를 찾아 두드림을 크게 했다. 이후 스스로 밴드 '오아시스'를 탄생시켜 영국 록 밴드의 전설을 만들었다. 노엘 갤러거는 "모든 일은 잘될 거야"라고 생각했더니 정말 모든 일들이 술술 풀렸다고 한다.

스티븐 호킹, 희망으로 삶을 기적으로 만들었다

20세기를 대표하는 물리학자로 아인슈타인이 손꼽힌다. 그다음으로 유명한 사람이 루게릭병을 극복한 현대 과학의 아이콘 스티븐 호킹 Stephen Hawking 박사다.

21세 때 그는 친구들과 농구를 하던 중 몸에 이상을 느껴 병원에 갔다. 그랬더니 루게릭병이라는 진단이 나왔다. 더 놀라운 사실은 2년밖에 못 산다는 사형 선고였다.

물리학도에게 좌절 그 자체였다. 근육이 점점 마비되어 책 한 장도 넘기기 힘들 정도로 상황이 나빠졌다. 급기야 한 줄의 공식도 종이에

쓸 수 없는 상태가 됐다. 죽음의 시간이 점점 다가왔다.

하지만 호킹은 학업을 중단하지 않았다. 볼펜을 들 힘조차 없어 암산으로 수식을 풀며 혼신의 노력을 다한 끝에 박사학위를 따냈다.

"포기하면 안 된다.

다시 일어서자.

난 세계적인 물리학자가 될

꿈을 갖고 있지 않은가."

루게릭병은 호킹에게 큰 장애가 되지 않았다. 우주의 비밀을 파헤치는 원대한 연구를 앞두고 두드림을 멈추지 않았다. 그 결과 1978년 이후 영국 과학자로서는 최고 영예인 케임브리지대학교 루카시안 석좌교수가 됐다.

병세는 더욱 악화되어 43세 때인 1985년 폐렴까지 걸렸다. 기관지 절개 수술을 받아 가슴에 꽂은 파이프를 통해서 호흡을 해야 했다. 일어서거나 걸을 수조차 없어 평생 휠체어의 도움을 받아야 했다. 말도 할 수 없어 고성능 음성합성기를 통해 대화를 해야만 했다. 자신의 신체 가운데 뺨의 일부분만 미세하게 움직일 수 있다. 대화는 안경에 장착된 센서가 눈썹이나 안면의 움직임에 반응해 문장을 만들고 이를 휠체어에 탑재된 개인용 컴퓨터를 통해 음성합성기로 내보내는 방법으로 한다. 호흡 역시 인공호흡기에 의지하고 있다.

그럼에도 호킹은 멈추지 않고 연구를 거듭한 두드림 끝에 특이점特異點 정리, 블랙홀 증발, 양자우주론量子宇宙論 등 3개의 혁명적 현대 물리학 이론을 제시해 세상을 놀라게 했다.

질병 치료에 천문학적 돈이 들었지만, 연구의 두드림은 큰돈을 벌게 해줬다. 저서 《시간의 역사A Brief History of Time》가 40개 언어로 번역되어 1,000만 부 이상이 팔린 초특급 베스트셀러가 됐다.

"신체적으로 장애를 가졌다고
정신세계까지 장애는 아니잖아요.
꿈을 꾸느라
심리적인 장애를 가질 여유조차 없어요."

호킹은 항상 자신의 아픈 몸보다 학문적 성공을 향한 두드림을 먼저 생각했다. 신체적 장애는 자신이 하고 싶은 일, 자신의 꿈을 완성하는 데 아무런 장애가 되지 않았다. 보통 사람들이 불가능하다고 생각할 때, 호킹은 그들의 생각이 잘못됐다고 생각했다. 의사조차 2년밖에 못 산다고 말했지만 자신은 위대한 업적을 남겨야 하기 때문에 죽지 않는 다고 믿었다. 그는 아직도 두드려야 할 일들이 아주 많다고 생각한다.

"당신 발을 내려다보지 말라.
고개를 들어 별들을 바라보라."

호킹은 항상 두드림에 빠져 있다. 아직 할 일이 너무나 많다고 생각 한다. 이 때문인지 몰라도 23세 때쯤 죽는다던 호킹은 75세가 넘도록 건재하다. 그는 자신의 가장 큰 업적은 "아직 살아 있는 것이다"라고 말 한다. 세상엔 이처럼 불가사의한 일들이 많다. 나도 얼마든지 불가사 의한 일의 주인공이 될 수 있다.

손정의, 자신의 미래를 확신했다

일본 최대 IT 회사인 소프트뱅크 창업자 손정의는 재일 교포 3세다. 일본의 빌 게이츠, 일본 최대 재벌로 불린다. 그는 1957년 일본 규슈의 무허가 판자촌에서 태어났다. 할아버지는 한국에서 끌려온 탄광 노동자였다. 아버지는 생활이 어려워 돼지를 키우고 생선 장사도 해야 했다. 근면, 성실함으로 열심히 생활한 결과 아버지는 큰돈을 벌 수 있었다. 아버지는 아들을 긍정의 두드림으로 키웠다.

"아들아, 너의 이름은
정의롭게 살라는 뜻으로 '손정의'다.
너는 천재로 태어났으니
무엇이든지 마음만 먹으면
다 할 수 있다."

아버지의 이 같은 긍정의 가르침은 신기하게도 손정의를 뛰어난 학생으로 만들어줬다. 공부 잘하는 학생이 됐고 일본 명문 고등학교에까지 진학했다.

하지만 한국인이라는 일본의 차별과 멸시를 견뎌내야 하는 서러움이 컸다. 한번은 일본 친구가 던진 돌에 맞아 큰 상처를 입기도 했다. 재일교포라는 사실을 숨겼지만 여권은 여전히 '외국인'이었다.

"차별 없는 세상에서 공부하자.

고등학교 1학년 때 자퇴를 하고

부모님의 반대를 무릅쓰고

미국으로 유학을 떠났어요."

손정의는 편견과 차별을 떠나 스스로 운명을 개척했다. 미국에서는 일본인을 만나지 않았다. 스스로 하고 싶었던 두드림을 찾아 공부에 몰두했다. 두드림을 찾던 그의 눈에 컴퓨터가 들어왔다. 과학 잡지에 실린 '인텔의 8080 컴퓨터 칩'이 그의 심장을 박동 치게 만든 것이다. 두드림을 찾아낸 그는 감동의 눈물까지 흘렸다.

"바로 이거야.

컴퓨터가 세상을 바꿔놓을 거야.

그날 이후 저는 컴퓨터 칩이 찍힌 사진을

베개 밑에 두고 잤고

낮에는 가방에 넣고 다녔어요."

손정의의 두드림은 그 누구보다 강렬했다. 두드림이 강할수록 큰 성공을 거두는 법. 손정의는 '언젠가는 컴퓨터 분야 창업자가 되겠다'는 꿈을 키웠다. 장차 컴퓨터가 바꿀 미래 세상에 대한 생각의 두드림에 숱하게 빠졌다.

대학을 졸업한 손정의는 일본에 귀국해 두드림을 실행에 옮겼다. 컴퓨터 소프트웨어를 유통하는 회사 '소프트뱅크SoftBank'를 창업한 것이다. 수년에 걸쳐 상상의 두드림을 통해 완성된 소프트뱅크는 나날이 발전해 큰 성공을 거뒀다.

그런데 이게 어찌 된 일인가? 1982년 25세의 청년 손정의가 간암에 걸린 것이다. 손정의를 무너뜨린 것은 5년밖에 살 수 없다는 '시한부 인생' 선고였다. 이때 손정의는 아버지가 가르쳐줬던 긍정의 두드림을 다시 생각해냈다.

"다 잘될 거야.

아버지는 나에게

무엇이든지 마음먹기에 따라

모든 게 달라진다고 했잖아."

회사를 그만두고 치료에 집중했다. 3년 동안 병원 신세를 지며 책 속에 빠져 생각의 두드림에 젖었다. 이때 일본 근대화를 이끈 주역 '사카모토 료마坂本龍馬'의 어록을 읽고 큰 용기를 얻었다. 죽음을 선고받아도 즐겁게 최선을 다해 살면 누구나 즐겁고 행복한 삶을 만들고 인생을 바꿀 수 있다는 내용이었다. 죽음의 문턱 앞에서 손정의는 생각의 두드림을 다시 가다듬었다. 그리고 절망 속에서 용기와 희망을 찾기로 했다.

"1%라도 살 가능성이 있다면 죽지 않는다는 거야!"

손정의의 이 같은 생각의 두드림은 기적같이 그를 절망에서 건져냈다. 획기적인 간암 치료법을 개발한 구마다를 만나 건강을 회복했고 시한부 인생 선고 5년을 넘겨 일본 최고 부자가 됐다. 텃세가 심했던 일본에서 한국인 손정의는 남다른 생각의 두드림으로 '그래도, 뭐든지 할 수 있다'는 긍정의 힘으로 자신을 무장시켰다. 그리고 학창 시절 머릿속으로만 꿈꿨던 창업의 두드림으로 일본 최고의 부자 반열에 올랐다.

판잣집 '흙수저'의 초라하고 평범했던 자신의 운명을 누구나 우러러보는 '자수성가의 상징'으로 만들어놓았다. 상상은 현실이 되었고 '곧 죽는다'는 의사의 진단은 거짓말이 되었다. 그는 상상력을 동원해 생각의 두드림으로 미래를 설계하라고 말한다. 상상한 대로 인생이 바뀐다고 믿는다. 손정의는 19세 때 스스로 '인생 50년 두드림 계획'을 세웠다.

"20대, 이름을 알린다.

30대, 사업 자금을 모은다.

40대, 큰 승부를 건다.

50대, 사업을 완성시킨다.

60대, 다음 세대에 사업을 물려준다."

이같이 자신이 설정한 상상의 두드림은 손정의의 삶을 희망대로 만들어줬다. 20대에 이름을 알리기 위해 '소프트뱅크'를 창업했고, 30대에 굴지의 기업에서 투자를 받았다. 40대에는 닛폰텔레콤 등 큰 기업을 인수하는 사업 확장에 나섰고 50대 때 일본을 넘어 세계적인 기업을 일궈냈다. 손정의는 "언제든지 길은 있다"며 "어쩔 수 없다든지 어렵다는 말을 하면 할수록 해결과는 멀어질 뿐이다"라고 말한다.

"큰 성공을 이루는 사람은

다 이유가 있다.

그들은 비전을 갖고 늘 산 정상만 바라본다.

반면에 비전이 없는 사람은

제자리에서 빙빙 돌기만 한다.

큰 꿈을 꿔야 큰 산에 오를 수 있다.

오르고 싶은 산을 결정하면

인생의 반은 결정된다.

10년 후에, 30년 후에

이렇게 될 것이라고

명확한 기한을 정하고

그때의 모습을

철저하게 머릿속으로 그려야 한다."

손정의의 두드림은 명쾌했다. 목표를 정해 갈망의 두드림을 두드리고, 생각의 두드림을 통해 목표에 다가가는 방법을 구체화했다. 그리고 머릿속으로 그린 생각들을 실행에 옮겼다. 그랬더니 신기하게 '상상'이 현실로 바뀌었다. 손정의는 당연히 그렇게 될 것이라는 믿음을 한 번도 의심해본 적이 없다. 세상일은 아버지의 가르침대로, 긍정의 힘이 안내하는 대로, 모든 게 생각한 대로 이뤄졌기 때문이다.

Do Dream

불가능을 즐겨라

"
나는 할 수 있다.
모든 일이 잘될 거야.
긍정의 두드림은
모든 일을 술술 풀리게 해준다.
"

불가능을 즐기는
두드림

이순신, 불굴의 용기로 불가능을 가능으로 바꾸다

12척 대 333척. 1597년 9월 명량대첩에서 12척의 배를 가진 조선 수군이 333척 군단을 거느린 왜적에 맞서 승리한다는 것은 불가능한 일이었다.

당시 조선 수군은 칠천량해전에서 대패를 한 상태였기 때문에 병사들의 사기는 땅에 떨어져 있었다. 백성과 군사 모두 두려움에 떨고 있었다. 살고 싶어 아군까지 이순신을 암살하려 하고 거북선에 불까지 질렀다. 그야말로 사면초가였다.

이런 상황에서 어떻게 이길 수 있단 말인가? 부하 장군조차 '무모한 전투'라며 이순신을 만류했다. 당시 조선의 왕 선조마저 바다를 포기하고 육지 전투에 임하라는 명령을 내렸다. 그만큼 승리는 불가능한 상황이었다. 하지만 이순신은 오히려 왕을 설득했다.

"신에게는 아직 12척의 배가

남아 있습니다.

죽을힘을 다하여 나가 싸우면

능히 해낼 수 있습니다."

이순신은 병영을 모두 불태우고 "필사즉생 필생즉사必死則生 必生則死, 죽고자 하면 살 것이고, 살고자 하면 죽을 것이다"를 외쳤다.

'이길 수 있다'는 이순신의 이 같은 '캔 두 정신'은 '대승大勝'이라는 기적을 만들어냈다. 불가능을 가능으로 바꾼 이순신은 조선의 역사를 바꿨다. 이순신은 《난중일기》에 "사람이 길목을 지키면 천명도 두렵게 할 수 있고, 두려움에 맞서는 자는 역사를 바꿀 수 있다"라고 기록하고 있다.

이순신은 두려움에 맞서 역사를 바꾼 것이다. 어떤 일이든 두려워하거나 겁을 내면 지는 법이다. 불가능을 가능으로 바꾼 위인들은 두려움이 없었다. 최악의 위기 상황에서도 생각의 두드림으로 지혜를 발휘했다.

닐 암스트롱, 불가능했던 인간의 달 착륙을 이루다

"휴스턴, 여기는 고요의 기지.
이글호 착륙했다.
이것은 한 명의 인간에게는 작은 발걸음이지만,
인류에게는 위대한 도약이다."

닐 암스트롱Neil Armstrong이 우주선 '아폴로 11호'의 선장이 되어 인류 최초로 달에 착륙하면서 한 명대사다. 인간의 달 착륙은 인류의 꿈을 현실로 바꿨고 우주를 향한 도전을 자극했다.

39세의 암스트롱은 우주선이 폭발해 죽을지도 모르는 상황이었지만, 두려워하지 않았다. 인간의 우주 정복을 불가능한 일이라고 생각하지 않았다. 그리고 불굴의 도전 정신으로 인류에게 희망의 메시지를 던져줬다.

실제로 우주선의 달 착륙은 당시 불가능한 일이었다. 미국은 백지 상태에서 달 착륙 계획인 '아폴로 프로젝트'를 발표했기 때문이다.

"우리는 달에 갈 것입니다.

우리는 1960년대 안에 달에 갈 것이고,

다른 일들도 할 것입니다.

쉽기 때문이 아니라 어렵기 때문입니다."

존 F. 케네디 대통령은 1961년 5월 의회에서 "10년 안에 인간을 달에 착륙시켰다가 무사히 지구로 귀환시키겠다"고 약속했다. 적대국이었던 소련이 1957년 세계 최초의 인공위성 스푸트니크 1호를 쏘아 올리고 1961년 4월 유리 가가린을 태운 보스토크 1호를 발사한 데 자극받은 일종의 돌발 발언이었다.

하지만 불가능했던 일은 8년 만인 1969년 7월 20일 가능한 일이 됐다. 아폴로 11호의 달 착륙은 당시 전 세계에서 텔레비전을 통해 지켜보던 5억 명의 시청자에게 진한 감동을 줬다. '인간의 달 착륙'이라는 갈망의 두드림은 어쩌면 처음엔 허황된 도전이었다. 하지만 8년 만에 현실이 됐다.

이처럼 '어떻게 그런 일이 가능하겠나'라는 일조차 생각의 두드림과 실행의 두드림은 불가능과 상상을 현실로 만들어준다. 진정한 두드림은 불가능을 즐기는 두드림이다.

나폴레옹, 내 사전에 불가능이란 없다

1800년 6월 당시 31세의 프랑스 영웅 나폴레옹은 이탈리아에 주둔한 오스트리아군과 싸우기 위해 6만 명의 군대를 이끌고 알프스 산맥 앞에 섰다.

산길은 온통 눈으로 뒤덮여 알프스 산맥을 넘는 것은 불가능한 일이었다. 그러나 나폴레옹은 다음과 같은 말로 군대에 강한 용기를 불어넣었다.

"내 사전에 불가능이란 없다.
승리를 계획하는 사람은
불가능이라는 단어를
결코 말해서는 안 된다."

결국 나폴레옹의 불가능을 즐기는 두드림 정신은 오스트리아군 7만 명을 대파하며 불가능을 가능으로 바꿔놓았다.

그의 불굴의 도전 정신은 1789년 프랑스 혁명의 소용돌이 속에서 정국을 안정시키며 불과 15년 만에 유럽 역사를 바꿔놓았다.

1804년 황제에 오른 그는 프랑스 혁명의 이념인 자유, 평등, 박애 정신을 전파했다. 독일의 음악가 베토벤은 그를 위해 3번 교향곡 〈영웅〉을 만들기까지 했다. 그가 썼던 2각 모자Bicome는 도전과 모험, 개척 정신의 상징이 됐다.

어떤 상황에서도 불가능은 없다는 사실을 믿어라. 불가능을 두드리고 또 두드리면 가능이 된다고 믿어라.

최형우, 누구나 성공 전에 큰 시련이 있다

2016년 12월, KIA 타이거즈 야수 최형우 선수는 계약기간 4년, 계약금 40억 원, 연봉 15억 원으로 한국 프로 야구 최초로 100억 원을 받는 주인공이 됐다. 이로써 한국 프로 야구의 몸값 역사를 새로 쓰는 '슈퍼 스타'가 됐다.

100억 원은 한국 프로 야구 선수들이 꿈꾸는 갈망의 두드림이다. 실력이 뒷받침돼야 하고 야구를 통해 실행의 두드림으로 성과를 올려야 한다. 그가 어떻게 '100억 슈퍼스타'가 될 수 있었을까. 여기에는 불가능을 가능으로 바꾼 피나는 훈련의 두드림이 있었다.

12년 전 최형우는 하루 끼니를 걱정해야 하는 방출 선수였다. 야구 실력을 인정받지 못해 먹고살기 위해 막노동판에 뛰어들어야 했다. 하루 일당은 6만 원, 한 달 월급은 고작 50만 원이었다.

"그래도 행복했어요.

꿈이 있었거든요.

마침 창단한 경찰야구단 시험에 합격해

다시 방망이를 잡을 수 있었거든요.

하루 벌어 하루 사는

막노동판으로 돌아갈 순 없었기에

죽기 살기로

방망이를 휘둘렀습니다."

최형우는 독한 오기를 품었다. 그리고 갈망의 두드림으로 최고의 선수가 되는 방망이의 꿈을 두드리고 또 두드렸다.

"독기를 품고 했죠.

독기를 품을 수밖에 없었고

더 이상 떨어질 데가 없다는 생각으로

계속 훈련에, 훈련을 집중했죠."

어떻게 하면 야구를 잘할 수 있을까. 어떻게 하면 홈런을 칠까. 어떻게 하면 안타를 때릴까. 지옥훈련을 하면서 최형우는 생각의 두드림을 멈추지 않았다. 훈련하고 생각하고 분석하고 또 훈련하고 분석하며 자신을 '로봇 인간'으로 변신시켰다.

경찰야구단에서 훈련의 두드림으로 무장된 최형우는 기사회생하며 삼성에 재입단했다. 훈련의 두드림은 최형우의 잠재력을 용솟음치게 만들었다. 8년간 프로 야구를 평정하는 기록을 남겼다.

그리고 KIA와 4년간 총액 100억 원에 입단 계약을 하게 됐다. 막노동을 하며 하루 끼니를 걱정해야 했던 최형우의 월급은 10년 만에 140배를 뛰어넘어 대한민국 프로 야구 선수 중 최고소득자가 됐다.

시련에 굴복하지 않았던 최형우. 그는 시련을 더 큰 성공을 위한 도전으로 생각했다. 그리고 불가능할 것 같았던 '대한민국 1등 선수'의 꿈을 가슴속에 품었다. 기회는 다시 찾아왔고 이 기회를 놓치지 않고 두 드림을 완성해냈다. 불가능을 가능으로 바꿔가는 기쁨을 즐기며 최고의 '야구 왕'으로 우뚝 섰다. 꿈을 현실로 바꾸는 상상 현실의 주인공이 된 것이다.

김진영, 어둠 속에서 빛나야 진짜 성공이다

연세대학교 김진영 학생은 아주 특별한 학생이다. 전 과목에서 만점을 받아 학교에서 선정하는 최우등생으로 선정됐다. 그런데 김진영은 시각 장애인이다. 그럼에도 최고 학생의 영예를 거머쥐었다. 어떻게 이런 놀라운 두드림의 주인공이 된 걸까.

김진영도 원래는 평범한 사람이었다. 하지만 10세 때 갑자기 찾아온 '망막 박리'라는 희귀 질환이 그의 운명을 완전히 바꿔놓았다. 이후 14년 넘게 김진영은 빛과 어둠만 구분하고 있다. 숱하게 장애를 원망했다.

"왜 나에게 이런 시련을 줄까.

 좌절도 하고 포기도 했어요.

 어둠 속에서 숱하게 울었죠.

 그럴수록 나 자신에게

 손해라는 사실을 깨달았고

 역경을 이겨내 세상에 희망을 주는

 사람이 되겠다는 꿈을 갖게 됐죠."

김진영은 법조인이 되겠다는 두드림을 갖게 됐다. 생각을 바꾸자 세상이 다르게 보였다. 법조인이 되려면 공부를 잘해야겠다는 생각의 두드림을 갖게 됐다.

실제 공부를 잘하는 학생이 되기 위해 실행의 두드림에 집중했다. 점자나 음성 파일로 일일이 수업 교재를 만들었다. 손과 귀, 입 등 모든 감각기관을 총 동원해 반복하고 또 반복하며 학업에 매진했다. 한 번에 안 되면 수십 번 반복해서 두드렸고 보이지 않기 때문에 손가락 끝으로 점자를 읽으며 이해하고 암기하기 위해 보통 학생보다 100배 넘는 노력을 기울였다.

"보이면 읽으면 되는데

저는 그게 안 되니까,

점자로 읽은 걸 토대로

이해해야 했고,

제가 이해한 걸

다시 암기해야 했어요."

과정은 보통 사람보다 수십 배, 수천 배 힘들었다. 하지만 결코 좌절하지도, 포기하지도 않았다. 그 결과 모든 과목에서 만점을 받았다.

"생각이 긍정적으로 바뀌니까,

저를 구속하고 있는 시각 장애를

받아들일 수 있게 됐고,

더 건강한 방향으로

생각이 점점 바뀌게 됐어요."

김진영은 현재 법조인이 되는 꿈을 두드리고 있다. 법조인이 되어 자신과 비슷한 처지에 있는 장애인들의 동반자가 될 두드림을 꿈꾸고 있다. 상상을 현실로 바꾸는 상상 현실의 주인공이 되기 위해 김진영은 지금 불가능을 즐기는 두드림을 두드리고 있다.

정주영, 한겨울에 잔디 광장의 기적을 만들다

현대그룹 창업자 고 정주영 회장. 감동적인 일화가 정말 많지만, 그의 생각의 두드림은 남달랐다.

1952년 12월 이야기다. 차기 미국 대통령 당선인 아이젠하워가 한국을 방문했다. 그런데 뜻하지 않는 방문 일정이 생겼다. 부산 UN군 묘지 참배 일정이 잡힌 것이다.

주한미군 사령부에 비상이 걸렸다. 방문객들이 파란 잔디도 없는 황량한 묘지에 묻힌 전사들의 무덤을 보고 실망할 것을 우려했기 때문이다.

미군은 묘지에 푸른 잔디를 심어달라고 여러 건설회사에 문의했다. 하지만 한겨울에 푸른 잔디를 입힌다는 것은 불가능하다는 답변만 돌아왔다. 이때 37세 청년 사업가 정주영은 남다른 생각의 두드림을 작동시켰다.

"대통령이 다녀가시는 동안

파랗게 풀이 덮인 묘역을

만들기만 하면 되지요?"

   정주영은 겨울 들판의 청보리밭을 떠올렸다. 낙동강 하구로 내려가 청보리밭을 통째로 산 후 대형 트럭 30대를 동원해 파란 보리를 떠다가 UN군 묘지로 옮겼다. 황량했던 UN군 묘지는 순식간에 푸른 잔디 공원으로 탈바꿈했고 아이젠하워는 크게 기뻐했다. 이 일을 맡겼던 미군은 크게 만족했고 이후 현대그룹은 미군 건설공사 대부분을 싹쓸이했다.

   세상에 불가능한 일이란 없다. 어떻게 일을 해낼 것인가를 생각해내는 게 중요하다. 무슨 일이든지 할 수 있다고 생각하면 쉽게 할 수 있게 된다. 반면에 할 수 없다고 생각하면 아무것도 할 수 없다. 의심하면 의심하는 것만큼 못 하게 된다.

   정주영은 모두가 불가능하다고 말할 때 항상 가능을 외쳤다. 직원들이 "안 될 겁니다"라고 말할 때 "이봐, 해봤어?"라고 반문했다. "실패했다"고 낙담할 때 "시련은 있어도 실패는 없다"고 격려했다.

이지선, 고난의 끝에는 보물이 있다

23세의 대학생 이지선은 2000년 7월 30일 한 음주운전자가 낸 7중 추돌 사고로 죽음의 문턱까지 갔다. 전신 55%에 3도 중화상을 입어 '괴물 인간'이 됐다. 뼈까지 녹아버린 여덟 손가락을 한 마디씩 절단했다. 7개월간 마흔 번이 넘는 수술을 했다. 이지선은 긴 악몽을 이겨냈다.

여성으로서 거울을 보면 화가 치밀어 올랐다. 하지만 수술을 하며 가족의 사랑을 받으며 국민적 관심을 받으며 생각이 달라졌다. 사랑과 감사, 용기와 희망, 용서와 위로의 소중함에 대해 배웠다.

"산다는 게 얼마나 소중한 것인지,

생명이 얼마나 소중한 것인지,

사랑이 얼마나 따뜻한 것인지,

삶에서 소중한 것이 무엇인지,

정말 가치 있는 것은 무엇인지,

그것은 나 자신을 사랑하는 일이었습니다."

어떻게 나 자신을 사랑할 것인가. 그것은 가치 있고 의미 있는 두드림을 찾아내는 일이었다. 덤으로 얻은 삶을 다른 사람을 돕는 데 사용하겠다는 꿈을 꾸게 되었다. 다시 삶의 용기를 얻었다. 2005년 다시 일어선 이지선은 '복지전문가'가 되기 위한 두드림을 시작했다.

미국 유학길에 올랐다. 펜을 잡기도 불편한 손가락, 서툰 영어 실력, 벅찬 학업 양에도 두드림을 향한 도전을 멈추지 않았다. 이지선은 이렇게 11년간의 두드림 끝에 UCLA에서 사회복지학 박사학위를 받았다.

이지선은 "고난의 끝에 생각하지 못한 보물이 숨어 있다"며 "이제 더 큰 보물을 캐기 위해 더 큰 두드림을 시작할 것이다"라고 말한다.

양현석, 춤꾼의 길을 찾기 위해 114에 전화하다

양현석은 YG엔터테인먼트를 창업한 춤꾼이다. 그에게는 어린 시절부터 '춤'이라는 두드림이 있었다. 초등학교 시절 친구의 로봇 춤을 보고 반해 '춤꾼'을 꿈꿨다. 당시만 해도 남자가 춤을 추는 것은 상상할 수 없는 일이었다.

춤을 너무나도 배우고 싶었다. 무모한 생각의 두드림이 그를 자극했다. 10대 소년 양현석은 춤추는 법을 배우기 위해 114 전화 안내 상담

원에게 전화를 걸었다. 114 상담원은 황당한 전화에 다소 머뭇거리다가 대한무도협회를 소개해줬다.

> **"대한무도협회는**
>
> **내가 원하는 브레이크댄스를**
>
> **가르치는 곳이 아니었지만,**
>
> **그곳 회장님의 친절한 안내 덕분에**
>
> **춤을 배울 수 있었죠."**

양현석은 생각의 두드림과 실행의 두드림을 통해 자신의 꿈에 다가갔다. 1년 동안 실행에 집중했다. 저녁 7시부터 다음날 새벽 6시까지 하루 종일 라면 하나 먹으며 춤에 미쳤다. 이 같은 열정과 자기 노력으로 전설적인 춤꾼이 되었고, 1992년 '서태지와 아이들'의 멤버가 되면서 최고의 전성기를 맞는 더 큰 두드림을 가져다줬다.

4년 뒤 '서태지와 아이들'이 해체됐다. 양현석은 자신이 잘할 수 있는 또 다른 두드림에 도전장을 냈다. '양군기획YG엔터테인먼트 전신'을 창업해 연예기획자의 길에 들어선 것이다.

하지만 세상일은 생각대로 되지 않았다. 전 재산을 잃고 쫄딱 망했다. 좌절하지 않고 동생 양민석과 다시 일어섰다. 지누션이 크게 성공하며 재도약의 발판을 만들어줬다. 세븐, 빅마마, 휘성, 빅뱅, 투애니원 등을 성공시키며 YG를 대표 예능기획사로 주목받게 했다.

> **"하고 싶은 일에 미치고**
> **주어진 시간에 최선을 다하고**
> **주어진 기회를 잡기 위해**
> **설레는 준비를 할 때**
> **상상은 현실이 되는 겁니다."**

오늘날 양현석의 모습은 저절로 완성된 것이 아니다. 어린 시절 '춤'이라는 두드림으로 자신을 거세게 두드렸고, 이 두드림을 통해 한국 엔터테인먼트 시장을 개척해냈다. 양현석은 "곰탕에 들어간 소금은 1,000분의 1 정도밖에 안 되는 아주 적은 양이지만 소금이 없으면 곰탕의 맛을 낼 수 없는 것처럼 우리는 소금 같은 존재가 돼야 한다"라고 말한다. 그는 "세상에서 제일 무서운 사람은 바로 필요 없는 사람이다"라고 강조한다.

Do Dream

불가능을 즐겨라

"
절대 안 되는 일이란
세상에 절대 없다.
두드림은
불가능을 가능으로 바꿔준다.
"

상상을 현실로 바꾸는
두드림

앤절라 더크워스, '그릿'이 당신의 성공을 결정한다

어떤 사람이 성공이란 열쇠를 거머쥘까. 두드림을 가진다고 반드시 성공하는 것일까. 성공한 사람은 나와 어떤 차이가 있을까. 무엇이 과연 다를까.

"천재가 성공하는 것이 아니라

열정과 끈기의 힘으로

끝까지 해내는 사람이

두드림을 이루는 승자가 된다."

앤절라 더크워스Angela Duckworth 펜실베이니아대학교 심리학과 교수는 성공과 실패를 가르는 결정적 요인을 '그릿Grit'이라고 말한다. 그릿은 사전적 의미로 투지, 끈기, 불굴의 의지를 모두 아우르는 개념이다. 앤절라는 그릿을 열정Passion과 끈기Perseverance의 힘이라고 규정한다. 그녀는 이 그릿만 있으면 누구나 성공한다고 말한다. 두드림의 관점에서 봤을 때 그릿은 포기하지 않고 끝까지 해내는 실행의 두드림을 말한다.

앤절라가 고등학교 수학 선생을 할 때 일이다. 성적이 좋은 학생과 나쁜 학생의 차이점을 분석해봤다. 놀랍게도 단순히 IQ가 좋고 나쁨에 있지 않다는 사실을 알게 됐다. IQ가 높은 학생 중 일부는 형편없는 성적을 거뒀고 오히려 IQ가 낮은 학생 중 상당수가 높은 성적을 보였다.

더 놀라운 사실은 고등학생 때 형편없는 수학 점수를 받았던 학생이 나중에 로켓을 만드는 세계적인 공학자로 성공했다는 것이었다. 반면에 머리가 좋은 학생이 실패하는 삶을 사는 것을 보게 됐다.

왜 그럴까. 앤절라는 생각의 두드림에 빠졌다. 그리고 성공에는 IQ나 재능, 환경을 뛰어넘는 더 중요한 무언가가 작용한다는 확신을 갖게 됐다.

이어 그 무언가는 열정과 끈기의 힘으로 '끝까지 해내는 것', 즉 그릿에 있다는 사실을 깨달았다. 이 그릿의 두드림을 가진 사람은 평균보다 낮은 IQ를 갖고 있어도 성공을 이뤄냈다. 특별한 재능이 없는 사람도 그릿으로 갈망의 두드림을 키우면 재능을 갖춘 사람보다 더 큰 역량을 발휘했다. 가정환경이 좋은 사람보다 불우한 가정환경을 가진 사람이 그릿으로 무장하면 더 파괴적인 성과를 발휘했다.

그릿으로 무장한 사람들은 일류대를 나온 학생, 좋은 직장을 가진 사람, 천재적인 재능을 갖춘 사람보다 항상 더 앞선 성공을 거뒀다. 그들은 그릿이라고 부르는 실행의 두드림에 집중해서 열정과 끈기의 힘으로 끝까지 해내는 특별함을 갖췄기 때문이다.

앤절라 스스로도 열정과 끈기의 힘, 즉 그릿으로 성공했다.

"나는 천재가 아니다.

초등학교 3학년 때 시험에 떨어져

영재반에 들어가지 못했다.

자라면서 좋아하는 일을 찾았다.

매일 스스로에게 도전하고 넘어지면 다시 일어났다.

재능보다 더 중요한 것은

끝까지 하는 '집념'이라는 것을 깨달았다.

그 집념은 '천재들의 상'으로 불리는

맥아더상을 받는 영광의 기회를 나에게 줬다."

나는 얼마나 강한 그릿을 가졌는가. 나는 그릿이 있는가. 나는 두드
림을 갖고 있나. 누구든지 그릿을 가지면 두드림을 자기 것으로 만들
수 있다. 내 능력을 탓하기 전에 나의 열정을 뒤돌아봐야 한다. 내 머리
와 재능을 탓하기 전에 나의 끈기를 점검해봐야 한다. 한번 시작한 일
을 끝까지 해내는 내가 될 때 두드림을 이루는 승자가 된다. 그릿은 상
상을 현실로 만들어준다.

버락 오바마, 큰 두드림은 큰 결과를 만든다

미국의 첫 흑인 대통령 버락 오바마Barack Obama. 8년 임기 말에도
지지율이 추락하지 않았던 대통령이다. 퇴임 시 지지율이 55%를 넘어
선 것은 로널드 레이건 전 대통령 이후 30년 만이다.

오바마의 삶은 한마디로 '도전의 기록'이다. 오바마는 케냐 출신의 아
프리카인 아버지와 미국 캔자스 출신의 백인 어머니 사이에서 태어났

다. 어린 시절은 순탄치 못했다.

부모는 2세 때 이혼했고 하와이에서 외조부모 밑에서 생활해야 했다. 한때는 어머니의 재혼으로 인도네시아에서 살아야 했다. 아버지가 네 번이나 결혼해서 다국적 인종의 형제와 자매, 친척들이 생긴 탓에 매우 혼란스런 시절을 보냈다. 고등학생 시절 심지어 마약에 손을 대기도 했다. 하지만 오바마는 자신의 이 같은 성장 과정을 숨기지 않았다. 자신을 둘러싼 가정환경을 비관하지 않았다. 묵묵히 학생이 해야 할 스스로의 삶에 최선을 다했다. 정직을 모토로 했기 때문에 대통령 후보 공개 토론에서 마약에 손 댄 일이 자신의 최대의 도덕적 과오라고 고백해 오히려 박수를 받았다.

대학생이 되면서 피부색, 성별에 대한 차별 없는 세상을 향한 두드림을 갖게 됐다.

"나의 선출은 미국의 진보를 뜻한다."

하버드대학교 로스쿨에 입학한 오바마는 학생회장에 출마하면서 자신의 정체성을 분명히 했다. 한마디로 '소신 있는 학생'의 길을 선택한 것이다. 그 결과 하버드대학교 로스쿨 역사상 첫 흑인 학생회장의 자리에 올랐다.

대통령을 향한 두드림의 꿈이 컸기에 열심히 살았다. 하버드대학교 로스쿨 역사상 흑인 최초로 로스쿨 학술지 〈하버드 로리뷰〉의 편집장을 맡았다. 날고 기는 상위 성적 10%의 학생들만 받는 우등상Magna Cum Laude을 받고 졸업했다.

청년 오바마는 35세에 정치를 시작하며 '대통령'의 큰 두드림을 시작했다. 일리노이 주 상원의원에 도전해 3선 의원이 됐다. 기회는 두드리는 사람에게 오는 법이다. 2004년 7월 민주당 전당대회에서 찬조 연설을 할 기회를 잡으며 전국적인 스타 정치인으로 떠올랐다.

그로부터 3년 뒤 2007년 2월 큰 두드림 대통령에 출사표를 냈다. 아무도 그가 경선에 이겨 대통령이 될 것이라고 생각하지 않았다. 하지만 46세의 젊은 도전자는 자신이 넘쳤다. 대학 시절부터 큰 두드림으로 착실히 대권을 향한 도전을 준비해왔기 때문이다.

루드윅 매리쉐인, 두드리면 성과가 이어진다

아프리카의 소년 루드윅 매리쉐인Ludwick Marishane은 남아프리카공화국의 작은 마을에서 자랐다. 아프리카의 가장 큰 문제점은 물이 없어 수 킬로미터 떨어진 곳에서 물을 길어 와야 한다는 것이었다. 물 부족 문제는 목욕 문제로 이어지고 질병을 야기해 사회 문제를 심화시키고 있었다. 한 친구가 17세 매리쉐인에게 질문을 했다.

"물로 안 씻어도 씻은 것처럼 만들어주는 것은 없을까?"

이 말은 매리쉐인의 생각의 두드림을 작동시켰다. 인터넷을 뒤졌다. 씻기 힘든 열악한 환경 속에 사는 사람이 전 세계에 25억 명에 달한다는 놀라운 사실을 알게 됐다. 이로 인해 수많은 사람이 질병으로 고통받고 있다는 것도 새로 알게 됐다.

특히 한 해 800만 명의 사람들이 잘 씻지 못해 전염성 만성 결막염 트라코마에 걸려 실명한다는 것을 알고 깜짝 놀랐다. 매리쉐인은 안 씻어도 물로 씻은 것처럼 깨끗하게 할 수 있는 제품을 개발해보자며 두드림을 더 구체화했다.

인터넷 접속도 잘 안 되는 휴대폰으로 온라인을 파헤치기 시작했다. 그리고 무려 4년에 걸쳐 인터넷 검색과 학교에서 배운 과학 상식을 토대로 두드림을 두드린 결과 세계를 놀라게 할 발명품을 생각해냈다.

그런데 이번에는 제품을 개발할 돈이 없었다. 두드리면 방법은 찾아지는 법. 매리쉐인은 각종 발명 대회에 참가해 아이디어를 설명하고 상금과 후원금 등을 받아 제품을 탄생시켰다. 이른바 드라이배스DryBath라는 획기적인 제품으로 세계 첫 목욕 대체 로션이다. 물과 비누 없이도 깨끗하게 목욕을 할 수 있는 젤 형태의 획기적인 제품이다. 몸에 바르기만 하면 샤워를 할 필요가 없이 깨끗하게 세척이 된다.

문제는 가난한 아프리카 사람들이 제품을 살 돈이 없다는 사실이었다. 또다시 생각의 두드림에 빠져 고민한 끝에 획기적인 아이디어를 냈다. 선진국에는 대용량 프리미엄 제품을 판매하고 이 제품이 필요한 가난한 사람에게는 한화로 약 380원이라는 싼 가격에 공급하기로 했다.

청년 매리쉐인의 착한 두드림은 가난한 사람들을 질병의 위험으로부터 해방시키는 '효자 제품'이 됐다. 나아가 수많은 사람의 생명을 구하는 구세주가 되고 있다. 열혈 청년 매리쉐인은 말한다.

"생각을 가슴속에 묻어두지 말고
실행에 옮겨 결과를 만드세요.
저는 일주일에 겨우 용돈 3,800원을 받던
가난한 사람이었습니다.

그럼에도 아무것도 없던 제가 전 세계를 위해

샤워하지 않아도 되는 방법을

현실로 만들었습니다.

당장 무언가를 시도해보세요."

두드림은 언젠가 큰 결과를 만들어낸다. 매리쉐인은 샤워하지 않고 깨끗해지는 법, 정말 불가능할 것 같은 상상을 현실로 바꿔냈다.

원하는 것을 얻고자 하면 두드려야 한다. 무엇이든지 두드리면 설레는 하루가 되고 행복한 1년이 된다. 오늘 나는 무엇을 두드리며 즐거운 하루를 보낼 것인지 생각의 두드림에 빠져보자.

도끼, 슈퍼스타를 꿈꿨더니 그렇게 됐다

1990년생 도끼는 래퍼의 두드림을 안고 12세 때 무작정 상경해 스타 래퍼가 됐다. 도끼라는 이름은 삭발을 했을 때 팠던 라인이 도끼처럼 보인다고 해서 붙여진 별명이다. 본명은 이준경으로 Dok2로 활동 중이다.

도끼가 두드림을 향해 방황을 시작한 것은 부산에서 아버지 사업이 파산하면서부터다. 초등학교 졸업 후 음악이란 꿈을 찾아 서울로 올라왔다. 초등학교만 마치고 가수 조PD 밑에서 힙합을 시작하며 미친 듯이 꿈을 키웠다. 가정 형편이 어렵고 살 곳이 없어 소속사 옥상 컨테이너박스에 살았다.

하지만 그는 가슴속 깊이 큰 두드림을 품고 있었다. 그 꿈을 실현하기 위해 실행의 두드림에 집중했다. 미국의 랩 스타들처럼 음악이 자신을 가난에서 구제해주고 자신을 스타로 만들어줄 것이라고 믿었다. 이를 위한 두드림은 자신의 실력을 인정받는 것이었다. 능력을 인정받기 위한 실행의 두드림에 집중한 결과 10년에 걸쳐 무려 320곡을 작곡할 수 있었다.

생각의 두드림을 통해 술, 담배, 욕, 커피 네 가지를 하지 않기로 다짐했고 이를 실천하며 자기 자신을 다스렸다.

"집안 형편이 갑자기 나빠져
컨테이너박스에 살았어요.
같이 놀아줄 사람도 없어
혼자 컴퓨터 앞에서 음악에 푹 빠졌고
음악을 통해 슈퍼스타가 될 꿈을 꾸었어요."

그렇지만 10년 동안 음악을 하며 돈은 한 푼도 못 벌었다. 하지만 결국 두드림은 큰 성공을 가져와 20세가 되어 연봉 1억 원이 넘는 고소득자가 됐다. 당당하게 돈을 벌었다는 자신감으로 5억 원에 달하는 소득을 공개하기도 했다.

도끼는 모두 노력해서 벌어들인 돈인 만큼 자신의 재력을 밝히는 데 주저하지 않는다. 이처럼 자신이 일궈낸 두드림은 스스로를 당당하게 만들고 자랑스럽게 만든다. 주변 사람들도 부러워할 뿐 시비 걸지 않는다. 성공을 꿈꾼다면 열심히 두드림을 완성해 그 달콤함을 만끽하라.

할 엘로드, 아침 6분이 기적의 삶을 만들다

《미라클 모닝The Miracle Morning》의 저자 할 엘로드Hal Elrod는 20세 때 음주운전을 하던 대형 트럭과 정면으로 충돌하는 교통사고를 당했다. 이때 6분간 깨어나지 못하는 신체적 죽음을 경험했다. 열한 군데 골절상과 함께 영구적인 뇌 손상을 입었다. 수술을 집도했던 의사는 다시는 걸을 수 없을 것이라는 청천벽력 같은 선고를 내렸다.

단기 기억력을 상실한 채 경제 활동을 시작했다. 영업 사원으로 취업한 엘로드는 교통사고의 충격을 이겨내고 회사 명예의 전당에 이름을 올리는 등 대성공을 거뒀다. 그런데 이번에는 불경기로 사업이 빚더미에 올라서며 경제적 죽음에 직면하게 됐다. 심각한 우울증에 빠졌다. 최악의 순간을 맞은 엘로드에게 친구가 조언을 했다.

"친구, 달리기로 아침을 시작해봐."

이 말 한마디는 엘로드의 인생을 바꿔놓았다. 문제의 해결책은 자기 자신에게 있고 자신에게 용기를 주는 자기계발을 시작하기로 했다. 우선 엘로드는 아침 6분 동안 생각의 두드림에 잠기는 자아 성찰을 시작했다.

"첫 번째 1분, 침묵 속 명상하기.
두 번째 1분, 다짐과 확신의 말 읽기.
세 번째 1분, 성취하고자 하는 것 상상하기.
네 번째 1분, 일기 쓰기.
다섯 번째 1분, 자기계발서 등 책 한두 쪽 읽기.
여섯 번째 1분, 운동하기."

그런데 이 아침시간 6분이 신기하게도 '기적의 삶'을 만들어줬다. 두 달 만에 엘로드를 파산과 우울증에서 벗어나게 해줬다. 생각한 대로 모든 일이 술술 잘 풀렸다. 경제적으로 안정된 삶을 찾았다. 삶은 신바람 넘치게 됐다. 마법 같은 기적의 힘을 경험한 엘로드는 자신의 아침 습관을 '미라클 모닝'이라고 이름 짓고 사람들에게 아침 6분간 생각의 두드림에 빠질 것을 권유하는 동기 부여 전문가가 됐다.

"지금 당장 시작해보세요.

삶의 무엇이든지 바꿀 수 있습니다.

매일 아침 6분만 자신에게 투자하면

기적을 경험하게 될 겁니다."

당신은 하루 24시간 1,440분을 어떻게 보내고 있는가? 특히 아침에 일어나자마자 '첫 6분'을 어디에, 어떻게 사용하고 있나? 인생을 바꿀 생각의 두드림은 정말 사소한 일을 시작하는 데서 시작된다. 사소할 것 같은 실행의 두드림이 쌓이고 또 쌓이면 자신도 모르게 놀라운 발전과 변화를 이끌어준다.

이제 우리가 아침 일찍 해야 할 소중한 일은 오늘의 두드림을 시작하는 일이다. 작은 습관처럼, 반드시 해야 할 통과 의례처럼 기적의 두드림을 시작해야 한다. 이를 통해 나의 마음을 바로 세우고 나 자신을 두드림의 궤도에서 이탈하지 않도록 해야 한다. 두드림을 잊지 않고 생활하는 게 바로 성공에 다가가는 지름길이다.

타일러 라쉬, 꿈꿨더니 그 꿈이 이뤄졌다

뇌가 섹시한 남자로 알려진 타일러 라쉬Tyler Rasch. 미국 시카고대학교 국제학부 학생이던 19세의 타일러 라쉬는 2007년 도서관에서 한국어를 공부하던 중 우연히 컴퓨터에 '북한'을 입력했다.

"정치범 수용소 등 북한 인권 관련
동영상을 보고 충격을 받았어요.
영어로만 검색했을 때보다
정말 많은 콘텐츠가 있었어요."

이 일이 있은 이후 타일러 라쉬는 독학으로 한국어 공부를 본격적으로 시작했다. 남북한에 대해 좀 더 자세히 알고 싶었던 것이다. 도서관에서 한국어 구조 파악에 매달리면서 한국에 관심을 갖기 시작했다.

당시 시카고대학교 국제학 전공자들은 외국어 하나를 골라 해당 국가에서 최소 8주 이상 의무적으로 어학연수를 해야 했다. 타일러 라쉬의 한국어 공부는 '한국에 가고 싶다'는 두드림을 갖게 했다.

2008년 이화여자대학교 어학당을 두드렸다. 어학당 문이 열렸다. 3개월 동안 한국에서 한국어 공부를 하면서 한국어 실력이 크게 늘었다. 대학을 졸업한 뒤 한국 관련 기관에서 공부하면 좋겠다는 두드림이 찾아왔다.

2010년 6월 주미 한국 대사관을 두드렸다. 1년간 근무하면서 한국어를 더 폭넓게 익힐 수 있었다. 두드리는 사람에게 기회는 찾아오는 법. 한국 정부가 외국인 장학생을 뽑아 학업 기회를 제공한다는 사실을 알게 됐다.

"석사과정은 한국에서 밟아야지.

한국 전문가가 돼야지."

서울대학교 정치외교학부 대학원 석사과정에 도전했다. 장학생으로 뽑혀 2011년 8월 서울대학교 언어교육원에서 어학연수를 받은 데 이어 꿈꾸던 서울대학교에서 석사과정을 밟으며 한국에 정착했다.

돌이켜보니 모든 게 두드림대로 됐다. 한국어를 공부하면서 한국행을 꿈꿨고 한국 대학교에서 석사학위까지 받았다. 한국 기업에 취직해 한국 전문가의 꿈을 이뤄가고 있다. 한국인보다 한국어를 더 잘하는 방송인이 됐다. 그는 어떻게 한국어를 잘하게 됐을까.

"열정입니다.

열정은 내가 하고 싶은 일을 해야

생기는 법입니다."

타일러 라쉬는 자신이 꼭 하고 싶은 일을 해야 강한 열정이 생긴다고 말한다. 그런데 한국의 많은 학생들은 부모가 원하는 학교, 부모가 원하는 외국어 공부를 하기 때문에 성과가 나오지 않는다고 지적한다.

텔레비전에 외국인들이 나오는 장면을 보고, 친구들에게 "나도 나가면 잘할 텐데"라고 말하며 막연한 갈망의 두드림을 가졌다. 그랬더니 어느 날 신기하게 방송국에서 섭외 요청이 들어왔다.

책을 많이 읽고 폭넓은 세계관을 가진 그의 박학다식함에 시청자들은 '뇌섹남뇌가 섹시한 남자'이라는 별명을 그에게 만들어줬다. 두드림은 계속해서 새로운 길을 개척해준다.

심찬양, 동경하고 실행했더니 이뤄지더라

심찬양은 그래피티 작가다. 커다란 벽에 자유롭게 자신의 생각을 그림이나 문자로 표현하는 인정받는 그래피티 작가가 되는 게 꿈이다. 그는 초등학교 2학년 때부터 만화를 그렸다. 만화가를 꿈꿨고 한 번도 다른 생각을 해본 적이 없다. 비보이를 보면서 힙합 음악을 동경하기도 했지만, 결국 '만화가의 길'을 두드렸다. 예고를 진학해 계속 만화와 애니메이션을 공부했다. 그러던 어느 날 고등학교 3학년 때 그래피티가 운명처럼 다가왔다.

"아, 바로 저거다.
세계적인 그래피티 작가가 되자."

운명처럼 그래피티에 뛰어들었다. 걱정이 먼저 몰려왔다. 그림을 그려 자신의 앞가림을 할 수 있을까, 부모님이 얼마나 실망할까, 이 결정을 후회하지는 않을까 등 온갖 생각이 스쳤다.

"하고 싶은 욕구가 솟구칠 때

잘할 수 있을 때

지금 당장 하자.

내가 행복할 것 같으면

더 망설일 필요가 있겠나."

심찬양은 '용기를 내는 것은 그 자체로 가치 있다'는 생각으로 그래피티에 뛰어들었다. 안 하면 평생 미련이 남을 것 같았다. 다른 일을 해도 집중을 하지 못했다. 한국에서 그래피티 작가로 살아가는 것은 무리라는 생각이 들었다. 워킹홀리데이 비자를 받아 호주로 갔다. 그런데 그곳에서 욕망이 채워지지 않았다. 그래피티의 본고장인 미국이 꿈을 펼치기에 더 좋은 무대라는 생각이 들었다. 막연히 미국에 가는 것을 동경했다. 미국에 가는 꿈을 두드렸다. 그랬더니 신기하게 그래피티 개인전을 열 기회가 생겼다. 여기에서 번 돈으로 미국행 비행기 표를 샀다.

무작정 흑인들이 많은 미국으로 갔다. 꿈을 접더라도 큰 무대에서 좌절하고 싶었다. 그곳에서 1세대 그래피티 작가들을 만나며 자신의 꿈을 펼칠 기회를 찾았다. 꿈꿨던 것만큼이나 미국 생활은 즐거웠고 더 큰 두드림을 꿈꾸게 해줬다.

"한국을 알리기 위해

한복 입은 흑인 여성과 한글의 이미지를

미국 대도시의 대형 벽면에 그렸죠."

심찬양은 하루아침에 스타가 됐다. 그의 그래피티를 본 미국인들과 지역 신문들이 환호했다. 한국 그래피티의 우수성과 한복, 한글의 아름다움은 미국인들의 눈길을 사로잡았다. 각종 그래피티 이벤트에서 그를 초청했다. 비자 없이 체류할 수 있는 90일 중 89일 동안 그림을 그리며 그래피티 작가라는 꿈의 정점을 향해 심장 뛰는 두드림을 강행했다.

심찬양의 대담한 도전은 그를 한국을 대표하는 그래피티 작가의 반열에 올려놓았다. 꿈은 자신이 만들어가는 것이다. 심찬양은 이제 한국의 그래피티 문화의 저변을 확대하겠다는 새로운 목표를 꿈꾸고 있다. 꿈꾸고 두드리면 누구나 꿈을 이룰 수 있다.

Do Dream

불가능을 즐겨라

"
상상하라.
그 상상을 두드려라.

두드림은
상상을 현실로 만들어준다.
"

Do Dream

불가능을 **즐겨라**
Enjoy The Impossible!

두드림

Part 3

영웅들의
두드림

영웅들을 만든
두드림

MBN 기자들이 3년간 추적 끝에 찾아낸 성공한 사람들의 성공 비밀은 두드림이었다. 크고 작은 성공을 거둔 모든 사람들은 자기 자신이 꿈꾸는 두드림을 갖고 있었다.

두드림을 자신의 것으로 만들기 위해 착실하게 미래를 설계하고 한 발짝 한 발짝 성공을 향한 발걸음을 게을리하지 않았다.

갈망의 두드림을 통해 가슴 뛰는 꿈을 꾸었다. 생각의 두드림을 통해 꿈을 성취하는 방법들을 고민하고 찾아냈다.

실행의 두드림을 통해 할 수 있는 것부터, 작은 것부터, 차근차근 실행에 옮겼다. 어떨 때는 서툴렀고 어떨 때는 게으름도 피웠지만, 절대 포기하지 않았다.

목표를 정하면 '갈망→생각→실행'의 3단계 '두드림 실천법'에 따라 행동했다. 꿈을 이뤘을 때를 상상하며 자신의 삶을 변화시켜 운명을 바꿨다. 나아가 세상을 변화시켰고 다른 사람의 희망이 되었다.

성공한 사람들은 누구나 자신만의 두드림을 갖고 있다. '갈망→생각→실행'의 세 가지 두드림으로 성공 신화를 만들었다. 대한민국 대표 청년 포럼 'MBN Y 포럼'은 이와 같은 방법으로 두드림을 실천한 '2030 우리들의 영웅들'을 뽑았다. 10만여 명이 투표를 통해 열두 명의 영웅을 선정했다.

세계를 감동시킨 오준 전 UN 대사와 세계적인 천재 비올리스트인 리처드 용재 오닐이 글로벌 영웅에 올랐다. 문화예술 영웅에는 데뷔 60년을 맞은 연기 대부 이순재와 천의 얼굴을 가진 연기 여신 하지원, 감동을 주는 선율의 여왕 양희은 그리고 예능 황제 이경규가 최종 선정됐다.

스포츠 영웅에는 골프의 전설 박세리, 사격의 왕 진종오, 펜싱 세계 1등 박상영 그리고 양궁의 여신 장혜진이 뽑혔다. 그리고 요식업계 대부 백종원과 배달의민족 창업자 김봉진이 만나고 싶은 경제 영웅에 선정됐다. 이들 '우리들의 영웅들'은 어떤 두드림으로 성공 신화를 만들었을까?

글로벌 영웅
리처드 용재 오닐

불우한 환경을 이겨낸 천재 비올리스트

리처드 용재 오닐Richard Yongjae ONeill은 6·25 전쟁으로 고아가 되어 미국으로 입양된 한국인 어머니와 아일랜드계 양할아버지, 양할머니 사이에서 자랐다. 그런데 안타깝게도 어머니는 어릴 때 앓았던 열병 때문에 평생 장애를 안고 살았다. 게다가 미혼모였다. 어머니는 미국 오리건 주정부 환경미화원으로 일하며 어린 용재를 훌륭하게 키워냈다. 어머니의 가르침은 "하고 싶은 일을 하라. 느끼는 그대로 표현하라. 너만의 세계를 연주하라"는 것이었다.

불우한 환경 속에서 자란 용재는 어린 시절 텔레비전을 통해 클래식

© Sangwook Lee/CREDIA

을 연주하는 아름다운 화음에 매료되어 음악인의 꿈을 키웠다. 텔레비전을 보며 연주자들의 화려한 손놀림과 몸짓에 큰 동경심을 품었다. 음악 잡지를 뒤적이며 세계적인 연주가가 되어 화려한 무대 위에서 청중을 감동시키는 '상상'을 즐겼다.

그러던 어느 날 용재는 비올라 소리를 들었다. 어둡고 고요하면서 감정이 풍부한 음색이 용재를 끌어당겼다. 두드림을 찾아낸 15세 소년은 기쁨과 환희를 느꼈다. 비올라에 인생을 맡기기로 했다.

가난한 시골 농부였던 할머니는 왕복 10시간이 넘는 길을 손자 레슨을 위해 차로 데려다줬다. 어려운 가정 형편 때문에 주위의 비아냥거림이 컸다. "음악은 돈이 있어야 한다. 아무나 하는 게 아니다"라며 주위에서 차가운 시선을 보냈다. 그럴수록 용재의 두드림은 더 단단해졌다.

"불가능은 없는 거야.

　경제적인 문제가 아무리 힘들지라도

　꿈을 꾸면 길이 열리고

　꿈을 이루면 좋은 결과가 따라올 거야."

이 믿음은 그를 '성공의 길'로 안내해줬다. 음악인으로 홀로 서는 길이 저절로 열렸다. 각종 대회에서 '상'을 휩쓸었고 그 상들은 '장학금'을 불러와 용재가 공부할 수 있는 길을 열어줬다.

2001년 스승이었던 강효 교수의 소개로 한국 무대에 설 수 있는 기회도 열렸다. '용기'와 '재능'을 합친 용재라는 한국 이름도 강 교수가 지어줬다. 이 기회는 용재를 명연주자로 우뚝 설 수 있는 미래를 만들어줬다.

음악을 통해 행복을 찾았고 인생을 발견했다. 클래식은 용재에게 하나의 종교가 되었고 삶이 되었다. 꿈이 꼭 이루어질 것이라고 믿고 두드리면 두드릴수록 그 꿈은 현실이 되었다. 연주에는 항상 가족에 대한 사랑을 가득 담았다.

그 결과 미국 줄리아드음악원에서 비올리스트로서는 최초로 '아티스트 디플로마'를 받는 영예에 이어 2006년 미국 클래식계 최고 권위의 상인 '에이버리 피셔 커리어 그랜트 상The Avery Fisher Career Grant'을 받는 연주자가 됐다. 세계적인 천재 비올리스트라는 찬사를 듣는 명연주자의 반열에까지 올랐다. 연간 100회가 넘는 연주회가 이어질 정도로 세계적인 오케스트라들이 함께하고 싶은 비올리스트가 됐다.

그가 어떻게 이런 경지에 오르게 됐을까. 용재는 '한계에 대한 도전'이라고 말한다. 지칠 줄 모르게 연주했고 한계에 부딪칠 정도로 음악 세계에 빠졌다. 그러자 '연주'가 무엇인지 조금 보이기 시작했다.

"지금까지 열다섯 차례 마라톤 완주를 했어요.

마라톤은 나 자신의 한계를 느끼게 하죠.

연주도 마찬가지인 것 같아요.

내 자신과 내적으로 경쟁하면서

더 강한 애착이 생기는 것 같아요."

용재는 한계를 느낄 정도로 열심히 비올리스트를 두드렸다. 그가 존경하는 최고의 음악가는 베토벤. 용재는 "베토벤은 음악가로서 치명적인 청각 장애를 겪으면서도 수많은 사람에게 영감을 주는 음악을 남겼다"며

"고통과 고독, 피나는 노력 없이는 아무것도 이뤄지지 않는다"고 말한다.

결과보다 과정을 중시하는 두드림

용재는 연주를 통해 전 세계 음악팬들을 만나는 과정 그 자체를 소중하게 생각한다. 다음 연주를 어떻게 멋지게 할 것인가를 생각하며 연습에 푹 빠지는 것 자체가 설렘 자체다. 이 때문에 과정이 즐거우면 결과는 당연히 성공할 것으로 믿었고 실제로 성공했다.

"마라톤 대회 때마다 느끼는 건데

　많은 참가자들이 결승선을 통과할 때

　아, 이제 끝났다고 말해요.

　그런데 저는 '그다음은 뭐지'를 궁리합니다.

　결과보다 다음 과정을 중시하는 거죠."

용재는 두드리는 '과정' 그 자체에서 행복과 기쁨을 찾는다. '비올라와 결혼했다'는 믿음으로 이미 정상급 연주자가 됐지만, 최고 음악가가 되기 위해 연습을 게을리하는 법이 없다.

2011년에는 너무 열심히 연주에 몰입한 탓에 왼팔 신경을 다쳤다. 셋째와 넷째 손가락을 마음대로 움직이지 못할 정도가 됐다. 연주를 하지 못하게 되면 어떻게 할지 막막했다. 다행히 다시 연주를 할 수 있게 됐지만 손가락은 지금도 여전히 불편하다.

이처럼 그가 한 일은 세계적인 비올라 연주자라는 꿈을 향해 열심히 두드린 일밖에 없다. 그랬더니 신기하게도 수많은 기회가 자신을 찾아왔다.

"음악은 내게 특별한 기회를 가져다줬어요.

음악가로 꿈꿨던 일들을 실현할 기회를 줬고

엄마의 고향인 한국에서

수많은 기적을 경험하게 해줬어요.

꿈을 실현하는 과정은 인생 최고의 크리스마스 선물과 같아요."

용재는 비올라를 연주하는 두드림을 통해 자신의 재능을 발견했고 재능 위에 올라설 수 있었다. 그의 치열한 연습은 다양한 레퍼토리 구성을 위한 과정, 관객에게 좀 더 가까이 다가서기 위한 과정이다. 결국 자신의 발전과 성장을 위한 과정이기도 하다.

"음악인에게 무엇보다 중요한 것은

같은 곡만 반복해 들려주는 것이 아니라

다양한 레퍼토리를 선보이는 겁니다.

상황과 분위기에 맞춰 감동을 전하는

진짜 레퍼토리가 있을 때

청중의 마음이 움직이는 겁니다."

용재는 같은 곡만 반복하는 기계 같은 연주는 관객의 발길을 끊어지게 한다고 믿는다. 재능만 믿으면 안 된다며 끈기의 두드림을 주문한다.

음악으로 불우했던 과거를 희망이 넘치는 현실로 바꾼 용재. 그는 비인기 악기인 비올라 음반으로 수십만 장의 판매고를 올렸다. 그 성공 비결을 용재는 음악에 대한 공감의 두드림에서 찾는다.

"음악은 공감을 끌어내는 일인 것 같아요.

음악은 분명히 어떤 힘을 갖고 있어요.

연주는 희망을 갖게 하고 인생을 변화시키는 마법을 발휘해요."

용재는 음악이라는 두드림을 통해 자신의 운명을 바꿨고 주변 사람들의 삶까지 변화시켰다. 꿈의 종착점은 없기에 꿈을 두드리는 과정의 연속이 하루하루를 즐겁게 해줄 때 그것이 행복이라고 말한다.

음악이 자신에게 준 선물을 모든 사람에게 전달하는 삶을 사는 그 과정이 행복이라고 믿는다. 그게 자신이 받은 사랑을 돌려주는 길이며 이로써 음악을 통해, 연주를 통해 성장하고 싶은 청년들에게 용기를 주는 희망이 되고자 한다.

용재는 어린 시절 역경을 딛고 비올리스트가 되기 위해 걸어왔던 그 과정을 항상 생각하며 후배 음악인에게 도움을 주는 배려하는 두드림에도 주저하지 않는다.

리처드 용재 오닐의 두드림

Do Dream

장애인 미혼모 밑에서 불우한 가정환경을 이겨냈다. 15세 때부터 비올리스트의 꿈을 두드렸다. 손가락 신경이 손상될 정도로 비올라를 두드렸다. 과정에 최선을 다할 때 결과는 당연히 성공적인 것이라고 믿었다. 이렇게 탄생한 연주는 그를 세계적인 비올리스트로 만들어줬다.

글로벌 영웅
오 준

하루아침에 유명 인사가 된 UN 대사

오준 전 UN 대사는 하루아침에 세계적인 유명 인사가 됐다. 북한 사람들의 인권 문제에 대해 평소 갖고 있던 '소신'을 UN 안전보장이사회에서 쏟아냈는데, 이것이 전 세계에 큰 감동을 줬기 때문이다. 이 같은 감동의 연설은 그가 준비했던 두드림에서 비롯됐다.

그도 그럴 것이 오준은 돌아가신 어머니 고향이 개성이었고 장인 역시 함경도 출신으로 어린 시절부터 북한 사투리를 듣고 자랐다. 이 같은 생활환경이 북한 문제에 관심을 갖게 만들었고 자연스럽게 외교관을 향한 두드림을 꿈꾸게 되었다.

오준은 외교관이 되는 관문 외무고시에 1978년 합격해 외교관이란 두드림의 꿈을 이루게 된다. 꿈을 이룬 오준은 남달리 북한 문제에 깊은 관심을 쏟았고 외교관 생활의 3분의 2가량을 국제기구에서 근무하며 글로벌 무대를 종횡무진했다. 외교관 생활을 하며 정말 넓은 세상을 봤다. 수많은 사람이 자신이 갖고 있는 두드림을 향해 뛰고 또 뛰는 치열한 모습을 현장에서 봤다.

"우리는 세계 속에 살고 경쟁해야 합니다.

10세밖에 안 된 아이들이

새벽부터 밤늦게까지

앉은자리에서 끼니를 해결하며
공부에 매달리는 것을 보았고,
10대 소녀들이 밤을 새워가며
봉제 공장의 재봉틀을 돌리고 있습니다.
수많은 노동자가 중동의 사막 한가운데서
라면을 끓여 먹으며 더위를 피해 야간 공사를 합니다."

오준은 "너무나 많은 사람들이 치열하게 꿈을 향해 뛰고 또 뛰고 있다"며 "현재의 결과는 피와 땀의 결과라는 것을 기억해야 한다"고 조언한다. 너무나 많은 사람들이 자신만의 꿈을 이루기 위해 피나는 노력을 하고 경쟁하고 힘들게 살고 있다는 것이다.

지금 조금 힘들다고 경쟁이 자신을 지치게 한다고 멈춰서는 안 된다. 지칠 줄 모르는, 포기할 줄 모르는 실행의 두드림만이 상상을 현실로 바꿔주는 행복을 가져다준다.

오준은 글로벌 무대를 누비는 글로벌 인재가 되려면 열린 마음을 가져야 한다고 강조한다. 세계화 시대를 살아가는 사람에게 가장 중요한 가치관이 바로 열린 마음이란 것이다.

"자전거를 만드는 사람은

어떻게 해야 경쟁력 있는 자전거를 만들까요.

그것은 글로벌 무대에 나가

외국산 자전거와 경쟁하는 겁니다."

오준 전 대사는 열린 마음으로 배우고 큰 세상을 두드리는 게 두드림을 완성하는 첩경이라고 말한다. 그 자신도 서로 다른 인종, 문화를 이해하고 학습하는 데 앞장섰다. '편안한 영역Comfort Zone'에 머물기보다는 도전과 모험을 즐겼다.

예를 들어, 한국 음식만 먹고 자란 사람은 음식에 대한 편안한 영역이 한국식에 그치게 된다. 반면에 중식, 일식 등을 따지지 않고 이런저런 음식을 먹어본 사람은 그만큼 편안한 영역이 넓어지게 된다.

그렇다. 큰 두드림을 갖고 있다면 자신만의 편안한 영역을 넓혀야 한다. 안 해본 것, 해보고 싶은 것을 향해 실행의 두드림으로 도전해야 한다.

그 도전 정신이 편안한 영역을 넓혀주고 사람을 크게 성장시켜준다. 머뭇거리지 말자. 주저하지 말자. 잘할 수 있다는 자신감으로 무엇이든지 시도해보자. 그리고 부딪쳐보자. 그래야 진짜 알 수 있게 되지 않겠는가.

세상을 감동시킨 두드림의 연설

2014년 12월 22일 UN 안전보장이사회 회의장. 한국대표부 오준 대사가 북한 인권 문제에 관해 즉흥 연설을 했다. 장내가 갑자기 숙연해졌다. 텔레비전으로 그 광경을 지켜본 전 세계 수많은 사람까지 숨죽이며 연설을 경청했다. 여기에서 끝나지 않았다. 연설 내용이 담긴 유튜브 영상이 온라인을 뜨겁게 달궜다.

"남한 사람들에게 북한 주민은 그냥 아무나Anybodies가 아닙니다. 대한민국 수백만 명의 이산가족에겐 아직 북쪽에 그들의 가족이 남아 있습니다. 비록 지금 그들이 목소리를 들을 수 없어도 우리는 알고 있습니다. 그들이 겨우 수백 킬로미터 거리에 있다는 것을 말입니다. 우리는 북한의 인권 유린을 고발한 UN 북한조사위원회의 보고서를 보며 가슴이 찢어지고, 탈북자들의 얘기를 들을 때마다 같은 비극을 겪은 듯 눈물을 흘립니다. 부디 훗날 우리가 오늘을 되돌아볼 때 북한 주민을 위해 옳은 일을 했다고 말할 수 있기를 소망합니다."

현장에 있던 미국 서맨사 파워Samantha Power 당시 UN 주재 미국대사는 눈물을 훔쳤고 각국 대표들의 찬사가 이어졌다. 이날 UN은 북한 인권 문제를 공식 안건으로 처음 채택했다. 그의 페이스북 친구는 며칠 사이 1,600명으로 늘었다. 그는 어떻게 감동적인 두드림의 연설을 할 수 있었을까.

"그냥 내용을 전달하기보다는
진심을 전달하기 위해 노력했죠.
남북 분단의 현실을 직접 체험하지 못한
많은 사람들에게 현실을 알리고 싶었습니다."

오준은 '감동의 연설'은 공감에서 나온다고 말한다. UN 안전보장이사회가 사상 처음으로 북한 인권 문제를 논의하는 자리인 만큼 '큰 울림', 즉 '큰 두드림'이 될 수 있도록 한국 사람만 할 수 있는 특별한 소감과 희망을 말하기로 했다. 공감 섞인 연설은 남북 분단의 현실을 직접 체험해보지 못한 젊은 세대에게 특히 감동을 줬다.

오준은 어릴 때 삼촌이 외할머니 회갑 잔치에서 100여 명의 손님 앞에서 인사말을 멋지게 하는 모습을 보고 연설 잘하는 두드림을 갖게 됐다.

"나도 언젠가 저렇게 많은 사람 앞에서

이야기하는 날이 오면 어떻게 해야 할까?

나도 멋지게 말하는 사람이 돼야지.

나에게 감동을 주는 연설을 많이 듣고

그걸 한번 따라 해야지."

이 같은 사소한 두드림은 그를 연설, 말 잘하는 사람으로 만들어줬다. 오준은 "연설을 할 때는 원고를 읽는 게 아니라 가슴에서 우러나오는 얘기를 할 때 진정성이 더해진다"고 말한다. 한마디로 그의 연설의 핵심은 '진정성'이다. 2016년 초 북한의 5차 핵 실험 이후 UN 안전보장이사회에서 한국어로 한 "김정은에게 부탁한다. 제발 그만하라"는 내용의 깜짝 연설은 그의 진정성이 넘쳐난다.

"북한 주민에게 필요한 것은

무기가 아니라 음식입니다.

북한 인권 관련 토론이

우리 형제자매의 삶을 더 좋게 하고

존엄성을 회복하는 데

도움이 되기를 희망합니다."

외교관으로서가 아닌, 평소 한민족으로서 느끼고 있는 안타까움과 애절함을 있는 그대로 전 세계인에게 전했다. 오준의 진정성 있는 호소는 큰 두드림이 되어 UN이 북한 인권 문제를 중요 안건으로 다루게 하는 원동력이 됐다.

오준은 UN 주재 한국을 대표하는 외교관으로서 자신이 해야 할 실행의 두드림으로 3년 3개월 동안 북한의 핵과 미사일 문제를 푸는 지혜를 제공했다. 그는 "군사적 제재가 아닌 비非군사적 제재를 통해 북한을 변화시켜야 한다"는 자신의 두드림을 전파했다. 그리고 38년간의 외교관 생활을 아름답게 마무리했다.

오준의 두드림

Do Dream

글로벌 무대를 종횡무진하는 외교관을 꿈꿨다. 남북 현실을 세계에 알리고 북한 인권 문제 개선에 앞장서는 외교관의 길을 두드렸다. 그리고 가슴을 울리는 UN 연설로 북한 인권 문제를 UN 공식 안건으로 채택하도록 동기를 부여했다.

경제 영웅
김봉진

디자이너에서 배달 왕이 된 CEO

김봉진은 '배달의민족'을 만든 '우아한형제들'의 창업자다. 그의 명함에는 '경영하는 디자이너'라고 쓰여 있다.

그의 원래 두드림은 디자이너였다. 그리고 그 꿈을 이뤘다. NHN의 네이버 디자이너, 게임회사 네오위즈 디자이너 등으로 탄탄한 실력을 인정받았다. 그래도 그에게 채워지지 않는 '허전함'이 있었다.

나만의 '세상'을 만들고 싶은 두드림이 용솟음쳤다. 그것은 창업이었다. 가장 잘 나가는 디자이너로 최전성기에 섰을 때 그는 과감하게 사표를 던지고 창업을 결심했다.

사진협조 : 우아한형제들

　첫 번째 창업의 두드림은 처참한 실패로 끝이 났다. '수제 디자인 가구'를 선보였는데 시장 반응은 냉담했다. 이 실패는 김봉진을 단단하게 만들어줬다. 폭삭 망해 전세금까지 모두 날리고 수억 원의 빚까지 졌다. 당시 네 살배기 딸 걱정에 눈앞이 막막했다. 먹고살 길이 어려워 네이버 디자이너로 입사했다.

　이때 모든 것을 순식간에 잃어버린 김봉진에게 희망을 준 것은 바로 책이었다. 책 속에 푹 빠져 실패의 원인을 찾았다. 책을 읽고 용기를 얻었고, 책을 읽으며 희망을 다시 디자인했다. 책 속에서 길을 찾았고 책 속의 현인들은 그에게 지혜를 줬다. 2년이 넘게 755일 동안 쉬지 않고 전 세계 웹 사이트를 찾아다니며 디자이너의 안목을 키웠다. 그 결과

비즈니스 아이디어가 태어났다.

대한민국 1등 배달 주문 어플 '배달의민족'을 탄생시킨 것이다. 다시는 실패하지 않는 창업자가 되겠다는 갈망의 두드림이 만들어낸 소중한 결과물이었다.

"디자인을 좀 더 잘하고 싶어

창업을 했습니다."

김봉진은 의외의 대답을 내놓는다. 김봉진은 인생도, 기업도 모두 디자인에 달렸다는 소신을 갖고 있다. 그래서 그의 직함은 '경영하는 디자이너'다. 제품 설계 디자인이 아니라, 지금은 기업 경영을 디자인하고 있다.

김봉진은 스스로 인생을 디자인해서 승자의 길로 들어섰다. 고등학교 때까지만 해도 김봉진은 디자인에 관심 많은 공업고등학교 꼴찌 학생이었다. 다행히 취미를 살려 서울예술대학에 진학했다.

디자이너의 두드림을 찾아 자신의 삶을 스스로 디자인한 결과였다. 소질을 살리는 끈질긴 두드림 결과 그는 월급쟁이 중에서는 소문난 실력자가 됐다. 뒤이어 찾아낸 두드림은 창업이었고 이 두드림은 놀라운 성과를 가져다줬다.

창업 3년 만에 국내 배달 시장, 즉 '철가방 시장'을 평정한 것이다. 김봉진은 길거리를 쏘다니며 전단지 수만 개를 주워 식당 정보 5만 개가 담긴 '배달 앱'을 디자인했다. 고객 반응은 폭발적이었다. 세계적인 투자은행 골드만삭스 등이 400억 원을 투자했다.

"정말 눈을 동그랗게 뜨고 다녔어요.

길거리를 헤매며

바닥에 흩어진 전단지를 수거했어요.

대부분 사람에게 쓰레기였던

전단지가 저에게는 보물이었죠."

김봉진은 전단지 인쇄소를 찾아가 한 장만 빼달라고 사정을 하기도 했고 쓰레기통을 뒤지며 전단지를 모았다. 두드림은 김봉진에게 새로운 열정을 가져다줬다.

이렇게 탄생한 '배달의민족'은 새로운 비즈니스 모델의 기적을 만들어내고 있다. 결국 미래도, 인생도 스스로의 의지로 디자인해 창조하는 것이다. 디자인의 밑그림은 생각의 두드림이 만들어내는 깊이에서 나

온다. 얼마나 잘 디자인하고 실행의 두드림으로 상상을 현실화하느냐
에 따라 개인의 미래는 달라진다.

우와~, 감동을 주는 두드림

CEO가 된 김봉진이 희망하는 두드림이 있다. 그는 그 두드림을 회사
이름에 담았다. '우와~' 하는 감탄사가 나오도록 하는 회사를 만들겠다
는 의미에서 '우아~한형제들'로 정했다.

직원이라는 말도 안 한다. 대신에 '구성원'이라는 말을 즐겨 쓴다. 디
자이너 김봉진의 마지막 두드림은 '행복이 넘쳐나는 회사'를 만드는 것
이기 때문이다.

"창업을 왜 했느냐고요.

즐겁고 행복하게 일하는 회사,

그런 기업 문화를

디자인하고 싶었어요."

김봉진은 그가 원하는 두드림대로 행복한 회사를 착실하게 디자인했다. 일과 삶의 균형, 수평적 사내 문화가 자리 잡도록 디자인이 이뤄졌다. 직원이 원하는 회사를 만들기 위해 '버킷 리스트Bucket list'를 만들었다.

'사원증을 목에 걸고 다닐 수 있는 회사', '곳곳에 책이 널브러져 있는 회사', '한적한 곳에 사옥이 있는 회사', '사람들을 행복하게 해주는 회사' 등 다양한 의견이 나왔다. 이 같은 의견을 토대로 사원증을 만들었고 석촌호수와 놀이동산을 볼 수 있는 잠실로 회사를 옮겼다.

김봉진은 '소소한 만족'을 많이 줬을 때 직원들의 행복감이 더 올라가게 될 것이란 결론을 내렸다. 사전을 찾아보니 복지는 '행복한 삶'이란 뜻이었다. 하지만 어떻게 행복한 회사를 만들 것인가가 문제였다.

"행복하려면
행복한 사람 사이에 있어야 한다.
동시에 주변 사람을
행복하게 하면 된다."

생각의 두드림 끝에 직원들의 행복만 연구하는 '피플팀'을 만들어 다양한 이벤트를 기획하도록 했다. 직원 생일이나 밸런타인데이 등 다양한 기념일마다 행복 프로그램을 디자인하는 것은 피플팀의 몫이다. 나아가 김봉진은 회사 매뉴얼에 '잡담을 많이 할 것'이라는 항목까지 추가했다. 격의 없는 자유로운 대화가 창의적인 문화를 만든다고 생각한 것이다.

대화가 빈번하게 일어날 수 있도록 회의실이 아예 없는 사무실을 디자인했다. 직원들은 회의하려면 회사 앞 커피숍을 예약하고 그곳에서 자유롭게 수다를 떤다. 물론 커피 값은 회사에서 계산한다. 회사는 임대료를 아끼고 직원들은 더 자유로운 분위기를 즐긴다.

"삼성뿐 아니라
여러 대기업들이 회사를 방문해
사무실을 둘러보고
일하는 방식을 배워가요."

김봉진은 대신에 대기업으로부터 조직 관리 방법, 법무, 감사 등 경영 노하우를 배운다. 회사 문호를 개방해 수시로 직원을 채용한다. 나이, 학력 제한이 없다. 직원 선발 원칙은 아주 간단하다. 사람은 크게 변하기 힘들기 때문에 행복한 사람을 뽑는 게 원칙이다.

이 같은 노력 끝에 '우아한형제들'은 '일하기 좋은 한국 기업 50'에서 '잡플래닛 포춘코리아 선정 중소기업 대상'을 받기도 했다.

자신의 삶을 디자인해서 운명을 바꾼 김봉진. 그는 창업을 통해 경영을 디자인하고 직원의 미래를 디자인하며 행복이란 두드림으로 세상을 희망 가득한 곳으로 밝히고 있다.

김봉진의 두드림

Do Dream

우와~, 감동을 주는 두드림, 행복을 주는 두드림을 꿈꾸고 있다. 그래서 회사 이름도 '우아한형제들'로 정했다. 배달 앱 '배달의민족'을 창업해 배달 왕이 됐다. 행복 두드림을 실현하기 위해 회사에는 직원들의 행복만을 연구하는 별도의 피플팀이 있다.

경제 영웅
백종원

실패에서 성공을 찾아낸 요식업계 대부

백종원은 단순한 셰프를 뛰어넘어 요식업계 대부가 된 사람이다. 먹는장사를 통해 프랜차이즈 사업가가 됐고 지금은 손꼽히는 '식당 부자'가 됐다. 어릴 때 미식가였던 아버지를 따라다니며 남다른 미각을 갖게 된 게 '요리 천왕'의 길로 들어선 계기가 됐다.

백종원의 식당 부자를 향한 두드림은 대학생 때 시작됐다. 친구들과 돈을 모아 호프집을 인수해 대박을 터뜨렸다. 이어 카페와 음식점 경영으로 수십억 원을 벌어들였다. 전설 같은 도전 이야기다.

하지만 처음부터 백종원이 승승장구한 것은 아니다. 군 제대 후 목조

주택 사업에 뛰어들었다. 두드림은 컸지만 수십억 원의 빚을 안고 쫄딱 망했다. 어떤 사업을 해야 잘할 수 있는지 생각의 두드림에 빠졌다. 그에게 자신이 가장 잘할 수 있는 아이템 '식당'이 섬광처럼 다가왔다.

"군 장교로 복무하던 중

음식이 너무 좋아

취사 장교로 보직도 바꾸지 않았던가."

백종원은 1993년 27세 때 더본코리아를 창업하며 재기의 발판을 만들었다. 다시 사업가의 꿈을 찾아 식당으로 두드림을 시작한 것이다.

서울 논현동에서 원조쌈밥집을 시작했다. 단순히 식당 주인이 되는 게 꿈이 아니었다. 이 식당을 기반으로 전국 프랜차이즈를 운영하는 요식업 사업가가 되는 게 그가 꿈꾸는 두드림이었다.

백종원은 생각의 두드림대로 이후 본가, 새마을식당, 홍콩반점, 빽다방 등 30여 개 외식 브랜드를 창업하면서 1,200개가 넘는 매장을 운영하는 요식업계 대부가 됐다.

두드림은 여기에서 그치지 않고 'K-푸드' 한류 바람을 일으키고 있다. 중국, 미국, 일본, 싱가포르, 인도네시아, 말레이시아, 필리핀, 베트남 등에 진출해 한식 세계화의 포문을 열었다.

백종원의 성공은 어디에서 비롯된 것일까.

"사업에 성공하는 길은

고객, 즉 대중이 뭘 좋아하는지

그것을 알아내는 데 있어요."

백종원의 성공 비결은 아주 간단했다. 끊임없는 생각의 두드림을 통해 식당을 찾아오는 손님이 무엇을 원하는지, 무엇을 좋아하는지를 정확하게 찾아내는 데 있었다. 화장실을 가든, 잠자리에 들든, 음식 개발을 위한 생각의 두드림에 빠졌다.

'본가'는 소고기 삼겹살의 원조다. 돼지고기 삼겹살을 본떠 소고기 삼겹살을 찾아낸 것이다. 소갈비 앞부분인 가슴 부위에 있는 지방과 살이 적절히 섞여 있는 부위를 삼겹살 모양으로 잘라내 쫀득함이 다른 특별한 맛을 찾아냈다. 여성들을 겨냥한 메뉴였다.

이후 대패 삼겹살, 해물쌈장, 매운 닭발, 차돌 된장찌개, 겉절이 국밥 등 톡톡 튀는 음식들을 개발해냈다. 생각의 두드림은 여러 개의 브랜드를 탄생시켰다.

고깃집, 중국집, 철판구이집 등 창업자들이 원하는 사업을 다양하게 고를 수 있도록 하기 위해서다. 직영점은 거의 없고 99%가 가맹점이다. 매출은 80%가 고기 등 식재료 납품에서 나온다.

가장 잘하는 것을 하는 두드림

백종원은 음식을 통해 먹는 기쁨을 주는 두드림을 실천하고 있다. 백종원은 "음식의 맛이란 아는 만큼 느끼게 된다"고 말한다.

"음식에 대한 저의 지론은

아는 만큼 맛있다는 겁니다.

무슨 재료가 어떤 맛을 내는지

알고 먹으면 맛을 더 음미하며 즐길 수 있어요."

백종원의 이 같은 음식 철학은 그를 유명한 음식 전문가로 만들어줬다. 단순히 맛집을 소개하는 것 대신 매일 먹는 음식을 어떻게 먹으면 맛있게 먹는지 알리는 게 자신이 해야 할 두드림이라고 생각했다.

예를 들어, 라면을 먹을 때 김치나 단무지를 곁들여 먹으면 더 맛있다는 것은 모두가 아는 사실이다. 그런데 방송에서 금방 끓여낸 라면에 아삭한 김치를 살짝 올려 먹으면 참 맛있다는 말을 듣고 라면을 끓여 먹으면 더 맛있게 느껴진다는 것이다.

그래서 백종원의 음식 주제는 삼겹살, 떡볶이, 국수, 해장국 등 우리가 흔히 접하는 음식들이다. 매일 먹는 음식에 어떤 재료를 추가했을 때, 조리법을 어떻게 바꿨을 때 색다른 맛이 나오는지를 이야기한다.

"소비자가 음식에 대해

아는 게 많을수록

선택의 폭이 넓어져요.

그래야 외식업계와 외식 문화가 발전하죠."

백종원의 이 같은 음식 철학은 국민의 음식에 대한 상식을 넓혀줬다. 쿡방 신드롬을 일으키며 '혼밥족들의 스승'이 됐다. '집밥 백선생'은 집에서 밥을 안 해 먹던 주부와 남편들에게 쉬운 집밥 노하우가 됐다.

자신이 가장 잘할 수 있는 것을 찾아내 '요리 천왕'이 된 백종원. 그는 생각의 두드림으로 대중에게 다가갈 수 있는 음식을 개발해내고 다양한 브랜드의 프랜차이즈로 새로운 '음식 왕국'을 만드는 두드림의 역사를 쓰고 있다.

백종원의 두드림

Do Dream

음식을 통해 먹는 기쁨을 주는 두드림을 실천하고 있다. CEO를 꿈꾸고 창업을 했지만 실패를 통해 자신이 가장 잘할 수 있는 일, 식당 창업을 찾아내 성공 신화를 만들었다. 백종원은 가장 잘하는 일을 할 때 성공할 수 있다고 말한다.

스포츠 영웅
진종오

세계 사격 역사를 바꾼 사격 왕

진종오는 세계에서 가장 총을 잘 쏘는 '총잡이'다. 그것도 올림픽 남자 사격 50m 권총경기에서 세 번이나 연속으로 금메달을 따며 올림픽의 역사를 바꿨다. 세계 사격 역사상 처음 있는 일이다.

그는 어떻게 세계적인 총잡이가 될 수 있었을까. 진종오의 승리 비결은 생각의 두드림에 있다. 경기에 임할 때마다 그는 자신을 철저하게 믿는다. 밥 먹는 것보다 더 많이 사격 연습을 하면서 실행의 두드림을 실천했기 때문에 자신에 대한 믿음이 그 어느 누구보다 강하다.

신기하게 '자신에 대한 믿음'은 어김없이 승리를 가져다줬다. 리우데

자네이루 올림픽 때도 상대 선수에게 지고 있었지만 어김없이 역전의
용사가 됐다.

"누군가를 위한 사격이 아닌

나를 위한 사격이다.

최선을 다하면 그 한 방이 승리를 안겨줄 거야.

후회 없는 경기를 하자.

좋은 결과가 생길 거야."

'사격 왕' 진종오의 믿음은 그를 외면하지 않았다. 극적인 역전승에 국민들의 함성은 그 어느 때보다 컸다. 10점을 상상하면 정확히 10점의 결과가 나왔다. 그만큼 자신이 원하는 결과를 내기 위해 진종오는 피나는 노력을 했기 때문에 나타날 결과에 대한 믿음이 컸다. 눈 감고 쏴도 명중시킬 정도로 연습, 즉 실행의 두드림에 집중했다.

그 결과 진종오는 '강철 심장', '멘탈 갑정신력이 아주 강한 사람'이 될 수 있었다. 사실 두 차례 금메달을 딴 경력을 가진 진종오는 주변의 기대 때문에 부담감이 매우 컸다. 10m 경기 때는 부담감에 욕심까지 부렸다. 게다가 '자신을 위한 사격'이 아니라 '보여주려는 사격'을 했다. 결과는 실패였다. 하지만 진종오는 50m 경기에서 생각의 두드림으로 자신을 다시 찾았다. 그리고 자신에게 외쳤다.

"여태까지 했던 것처럼

  진종오답게 총을 쏘자."

이 같은 다짐은 진종오에게 집중력을 가져다줬고 총알은 신기하게 '과녁 정중앙'으로 향했다. 이처럼 두드림은 믿고 행동하는 대로 결과를 가져오는 신기한 힘을 가지고 있다.

진종오의 삶은 '사격 황제'를 향한 두드림의 연속이었다. 자신이 가장 좋아하는 스포츠인 '사격'을 통해 꿈을 찾았고 두드림을 완성했다. 이제는 '특별한 지도자'가 되겠다는 더 큰 두드림을 쫓고 있다.

진종오는 어린 시절부터 장난감 총을 손에서 놓지 않았다. 부모는 아들의 이런 모습을 눈여겨보았다. 진종오도 다른 사람들이 총 쏘는 모습만 보면 가슴이 설렜다.

진종오의 본격적인 두드림은 중학교 3학년 때 시작됐다. 원래 군 저격수가 꿈이었는데, 어머니의 추천으로 사격을 시작하게 됐다. 재밌고 잘할 수 있는 스포츠로 생각해 '사격 왕'의 꿈을 두드리기 시작했다.

아버지 지인의 권유로 16세 때 본격적으로 운명적인 사격을 시작했다. 군 복무 중이던 2002년 데뷔 7년 만에 국가 대표 선수가 되어 태극마크를 달았다. 강렬했던 갈망의 두드림은 진종오를 주목받는 선수로 만들었다. 한국 신기록 행진을 이어갔고 2004년 첫 출전한 아테네 올림픽 은메달에 이어 2008년 베이징 올림픽 금메달, 2012년 런던 올림픽 금메달을 땄다.

진종오도 좌절 없이 이 자리까지 온 게 아니다. 그는 고교 시절 자전거를 타다 사고를 당해 왼쪽 쇄골을 다쳤고 대학생 때는 축구를 하다 오른쪽 어깨를 다쳐 철심을 박았다. 하지만 이 같은 부상은 큰 두드림 앞에 장애가 되지 않았다.

한번 빠지면 끝장 보는 두드림

진종오는 오기가 강한 사격 왕이다. 호기심도 많다. 그런데 어떤 일을 시작하든지 실행의 두드림이 매우 강렬하다. 어떤 일을 한번 시작하면 흐지부지하는 일이 없다. 끝을 보는 성격이다.

"뭐든지 한번 빠지면

끝장을 봐야 그만둡니다."

이 때문에 진종오는 사진과 낚시가 프로 수준이다. 사진 마니아들이 갖고 있는 장비는 모조리 갖고 있다. 시간이 날 때마다 카메라를 들고 온갖 풍경을 담는다. 진종오는 "카메라는 세상의 많은 풍물을 접하는 데 도움을 주고 새로운 세계를 경험할 수 있어 매력적이다"라고 말한다.

진종오는 동시에 '낚시광'이다. 한번 빠지면 끝을 보는 성격 때문에 고무보트까지 구입했다. 그는 "낚시를 하고 나면 정말 머리가 깨끗해진다"며 "낚시는 사격을 잊게 하는 마법의 힘을 갖고 있다"고 말한다. 진종오는 자신의 성공 비밀을 '끝장 보는 성격'에서 찾는다.

"사격은 자신과의 싸움입니다.

기술을 마스터하는 것보다

심리를 이겨내는 게 훨씬 중요하죠."

이 같은 '비밀'을 알고 난 뒤 진종오는 기술적인 실력을 뛰어넘어 '멘탈'을 이겨내는 '끝장 보기'에 매달렸다. 집중력을 키우는 데 모든 생각의 두드림을 몰입시켰다. 진종오는 어떻게 해야 흔들리지 않는 멘탈이 강한 선수가 되는지 자신에게 숱하게 질문을 던졌다.

진종오는 "사격을 잘하는 비결을 터득하기 위해 정말 엄청나게 많은 생각을 해야 했다"며 "수많은 생각 속에 내 자신을 알게 됐고 마음을 다스리는 경지에 오르게 됐다"고 말한다. 그리고 자기 자신을 믿는 게 가장 위대한 승리의 비밀임을 확신하고 있다.

진종오의 두드림 ───── *Do Dream* ─┐

세계에서 가장 총을 잘 쏘는 '총잡이'가 두드림이다. 그는 사격 왕이 되기 위해 눈 감고 쏴도 목표물에 명중시킬 정도로 연습, 실행의 두드림에 집중했다. 그리고 피나는 훈련이 가져다줄 결과를 믿었다. 진종오는 자기 자신을 믿으면 무엇이든지 성취할 수 있다고 말한다.

스포츠 영웅
박상영

'할 수 있다'의 아이콘이 된 펜싱 스타

대학생인 펜싱 영웅 박상영은 리우데자네이루 올림픽으로 거듭 태어난 최고의 스타 선수다. 그것도 사업 실패로 가정 형편이 어려워 어머니의 반대를 무릅쓰고 중학교 1학년 때 체육 선생님 권유로 펜싱을 시작한 지 7년 만에 올림픽 펜싱 영웅이 됐다.

실행의 두드림 결과였다. 연습 벌레처럼 지옥훈련을 했고 코치와 감독들이 제발 좀 쉬면서 하라고 설득할 정도였다. 그 결과 펜싱 입문 4년 만에 세계 청소년선수권을 제패할 만큼 빠른 속도로 성장했다.

21세에 처음 출전한 올림픽 펜싱대회에서 우승하며 세계 랭킹 1위에

올랐다. 한국 에페 역사상 올림픽 첫 금메달의 주인공이 됐다.

　그는 10 대 14로 4점이나 지고 있는 상황에서 '할 수 있다'는 마법 같

은 주문을 불어넣으면서 자신에게 용기를 불어넣었다. 마법 같은 두드

림이었다. 기적 같은 대역전 드라마가 쓰였다. 긍정의 두드림이 만들어

낸 놀라운 선물이었다.

　"저의 금메달은

　할 수 있다는

　'캔 두 정신'의 결과물입니다."

박상영의 '할 수 있다'는 자기 주문은 전 국민에게 진한 감동을 줬고 '긍정의 아이콘'이 됐다. 사실 박상영이 올림픽에 출전할 때만 해도 세계 랭킹 21위가 금메달의 주인공이 될 것이라고는 아무도 예상하지 못했다.

실력으로는 금메달 수준에 못 미쳤지만, 박상영의 갈망의 두드림과 자신감, 금메달을 딸 것이라는 긍정의 두드림은 금메달을 따고 남을 정도였다. 이 두드림은 도저히 뒤집을 가능성이 없는 상황에서 특히 위력을 발휘했다.

신기한 일이었다. '할 수 있다'는 두드림의 자신감은 '금빛 찌르기'의 기적을 가져다줬다. 내리 4점을 따내 동점을 만들었고 대역전극이 펼쳐졌다.

"언제 올림픽에서 뛰어보겠나!
후회 없는 경기를 하자는 생각이
행동으로 나온 것 같아요."

박상영은 금메달을 향한 갈망의 두드림을 끝까지 놓지 않았다.

"정신 차리자. 시간이 너무 없다.

가슴에 대한민국 태극기를 달았는데,

이렇게 질 순 없다는 생각이 들었죠."

그 절박한 1분의 휴식 시간에 박상영의 생각의 두드림이 작동했다. 어떻게 이길 것인가, 어떻게 승리를 쟁취할 것인가를 고민하자, 상대가 잘하는 팔 찌르기 공격에서 기회를 잡자는 지혜가 떠올랐다.

휴식 시간이 끝나고 실행의 두드림이 작동했다. 상대가 자세를 낮추자 박상영은 정확히 팔 위 어깨를 찔렀다. 기적 같은 동작이었지만, 생각의 두드림이 가르쳐준 것이었다. 박상영의 대역전 드라마는 국민 모두에게 '할 수 있다'는 '캔 두 정신'의 놀라운 가르침을 전해줬다.

승리를 상상하며 위기를 이겨낸 두드림

리우데자네이루 올림픽 출전 1년여 전인 2015년 3월 펜싱 영웅 박상영에게 청천벽력 같은 일이 발생했다. 펜싱 선수에게는 치명적인 왼쪽 무릎 인대가 파열된 것이다.

걱정이 태산 같았다. 올림픽만 바라보고 살고 있던 선수에게, 특히 민첩성이 요구되는 펜싱선수에게 무릎 인대 파열은 치명적이었다. 9개월에 걸친 힘겨운 재활이 시작됐다. 그러면서도 올림픽 출전에 대한 갈망의 두드림을 멈추지 않았다.

"자기 전에 항상

올림픽 현장에서 뛰는 순간을

상상하며 버텼습니다.

얼마나 생각을 많이 했는지

꿈에서 세 번이나

금메달을 땄어요."

박상영의 상상력과 투지는 재활을 이겨내는 힘이 됐고 올림픽을 7개월 앞두고 복귀할 수 있었다. 하지만 원래 컨디션을 찾기란 쉽지 않았다. 운동량을 늘리면 열이 나고 무릎이 붓고 잘 굽혀지지 않았다. 대회 출전 자체가 불투명했다. 더구나 복귀전에서는 1회전에 탈락했다. "박상영은 이제 끝났다"는 말들이 들렸다. 자괴감마저 느껴졌다. 그럼에도 오기와 끈기, 열정으로 버텨냈다.

금메달을 딴 순간 가장 먼저 생각난 것은 부모나 은사도 아니었다. 바로 잘 버텨준 무릎이었다. 박상은 수차례 "잘 버텨준 무릎아 고맙다"고 외쳤다.

박상영의 금메달은 위기의 순간을 '올림픽 출전'이라는 상상력의 힘으로 버텨냈다. 금메달을 땄을 때 느끼게 될 '환희의 순간'을 머릿속에 그리며 불가능을 가능으로 바꿔냈다.

올림픽 출전조차 힘든 절망적인 몸의 컨디션으로, 그것도 패색이 짙은 상황에서 절망적 상황을 희망으로 바꿔놓았다. 승리를 상상하는 생각의 두드림은 신기하게 박상영에게 용기를 줬고 상상은 현실이 되었다.

"절박한 상황에서도
희망을 가졌습니다.
금메달을 따는 그 순간을
항상 상상하며 훈련에 매달렸죠."

박상영은 경기에 임할 때마다 이기는 상상을 했다. 승리할 것이라는 희망의 끈을 잡기 위해 '할 수 있다'는 자기 주문을 되뇌었다. 피할 수 없으면 즐긴다는 생각으로 즐기는 운동을 하기 위해 노력했다. 천재는 노력하는 자를 이길 수 없고, 노력하는 자는 즐기는 자를 이길 수 없다는 믿음으로 매사 즐기는 마음으로 훈련과 경기에 임했다. 그러자 항상 좋은 결과가 뒤따랐다.

박상영의 상상의 두드림은 중학생 때 시작됐다. 새벽 6시에 시작해 밤 12시에 끝나는 훈련 속에서도 매일 훈련 일지를 쓰고 펜싱 영상을 보며 금메달 따는 상상을 했다.

'10개년 성공 계획'도 세웠다. 고등학교 1학년 때 메달 따기, 최연소 국가 대표가 되기, 대학생 때 아시안게임 금메달 따기, 리우데자네이루 올림픽 메달 따기 등 상상을 종이 위에 적었다. 그리고 두드림을 현실로 바꾸는 '상상 현실'을 만들어냈다. 자신을 독려하기 위해 명언을 찾아 외우기도 했다.

"연습은 완벽을 만든다.

인생을 사는 방법은 두 가지인데,

하나는 아무 기적 없듯이 사는 것,

다른 하나는 매 순간 기적처럼 사는 것이다.

나는 어떻게 살 것인가."

박상영은 "기적을 꿈꾸며 살았더니 진짜 기적이 일어났다"며 "누구든지 꿈을 이뤘을 때를 상상하면서 열심히 노력하면 꿈은 꼭 이루어진다"고 말한다.

박상영의 두드림

Do Dream

세계 펜싱 1등의 꿈을 두드렸다. 날마다 올림픽 금메달을 따는 상상을 즐겼다. 매일 '나는 할 수 있다'는 자기 최면을 걸었다. 그 결과 펜싱을 시작한 지 7년 만에 21세의 어린 나이로 한국 에페 역사상 최초로 올림픽 금메달을 목에 걸었다.

스포츠 영웅
장혜진

포기 없는 신념을 가진 양궁의 여신

양궁 여신 장혜진은 리우데자네이루 올림픽 금메달 2관왕의 주인공
이다. 초등학교 4학년이던 10세 때 양궁을 시작해 19년 동안 과녁에
화살을 쐈다. 중학교 때까지 전국 대회에 못 나갈 정도로 실력이 부족
했다.

어린 소녀에게 이렇게 하다가는 실패한 양궁 선수가 될 것 같은 두려
움이 몰려왔다. 어떻게 해야 훌륭한 양궁 선수가 될지 생각의 두드림에
빠졌다. 장혜진이 찾아낸 결점은 집중력 부족이었다. 스스로 특별훈련
을 하는 실행의 두드림을 시작했다.

"특별훈련을 했죠.

제자리에서 책을 읽는 시간을

5분, 30분, 1시간으로 차츰 시간을 늘렸고

오랜 시간 집중해서 글을 쓰는 습관도 들였어요."

이 같은 방식으로 장혜진은 고등학교 때부터 집중력을 향상해나가기 시작했다. 그럼에도 '꿈의 무대'인 올림픽 출전권을 잡기란 하늘의 별 따기였다. 세 명을 뽑는 2012년 런던 올림픽 국가대표 선발전에서 4위를 하며 탈락했다. 올림픽 출전 기회는 4년 뒤로 밀려났다. 여기에서 포기할 수 없다고 생각한 장혜진은 이를 악물었다.

"다른 선수들이 쉬는 틈에도 훈련장에 나갔어요.

이를 악물고 손바닥이 부르트도록

하루에 수백 발을 쐈어요."

심지어 오른손 손가락에는 심각한 관절염까지 생겼다. 런던 올림픽 선발전 탈락이 전화위복이 됐는지, 리우데자네이루 올림픽 선발전을 1위로 통과하며 난생처음 올림픽에 출전하게 됐다. 피나는 실행의 두드림과 함께 장혜진은 '잘될 거야'라는 긍정의 두드림을 시작했다. 훈련한 만큼, 노력한 만큼 결과가 뒤따를 것이라는 믿음을 굳게 가졌다.

"나를 믿는 게 정답인 것 같아요.

스스로를 믿지 않으면 누구를 믿어야 할까요.

나에 대한 믿음이 없으면 작은 실패에도 좌절해요.

실수를 해도 '난 잘될 거야'라고 생각하면

반드시 잘되는 것 같아요."

장혜진의 이 같은 '자신에 대한 믿음'은 위기 상황에서도 흔들리지 않도록 해줬다. 기보배와 맞붙은 양궁 개인전 준결승전에서 장혜진은 3점을 쏘고 말았다. 3점은 연습 때도 거의 나오지 않던 절망적인 점수였다.

무너질 만한데도 장혜진은 '씩' 웃으며 계속 경기에 집중했다. '바람 때문에 실수한 거지, 내가 잘못한 게 아니야. 집중하자'며 자신을 긍정하는 혼잣말로 스스로를 격려했다. 9점, 10점을 연달아 쏘며 '희망'을 만들어냈고 결승에 진출해 금메달을 거머쥐었다.

"경기 중에 좋은 점수를 쏘지 못하면

압박감에 시달려 집중하기 어렵죠.
'괜찮아, 잘했어, 더 잘하면 돼'라고
자신을 칭찬하면 경기 흐름이 달라지죠."

장혜진을 양궁 여신으로 만든 것은 이 같은 긍정의 두드림이었다. 장혜진은 어떤 상황에서도 '잘될 거야'라는 믿음을 잃지 않는다. 훈련한 대로, 집중하는 대로 원하는 결과를 착실히 만들어갔다.

장혜진은 타고난 양궁 선수는 결코 아니라고 스스로 생각했다. 따라서 '잘될 거야'로 자기 최면을 걸며 훈련으로 자신을 완성시켜나갔다. 그 결과 올림픽 첫 출전에서 금메달 2관왕의 '양궁 여신'으로 다시 태어날 수 있었다.

긍정으로 고난을 이겨낸 두드림

선수촌 생활 가운데 양궁 여신 장혜진에게 가장 힘든 것은 새벽 동계 훈련이었다. 훈련 시즌이 되면 매일 어두컴컴한 새벽에 일어나 잠도 제대로 깨지 않은 채 옷을 주섬주섬 입고 차디찬 문밖으로 나가야 했다.

일어날 때마다 불평이 저절로 터져 나왔다.

그러던 어느 날 장혜진은 생각을 바꿔 먹었다. "어차피 해야 할 것, 불평한다고 달라질 게 없을 텐데"라며 마음을 고쳐먹었다.

"문득 농촌에서 일하시는
할아버지와 할머니가 떠올랐죠.
두 분은 항상 해가 뜨기도 전에
꼭두새벽부터 밭으로 나가 일하셨어요.
그런데 항상 즐거워하는
행복한 모습만 보여주셨어요."

그렇게 생각을 한 이후로 장혜진은 매일 아침 긍정적인 말로 하루를 시작했다. 신기하게도 훈련이 즐거워졌고 힘도 더 들지 않는 것 같았다. 이후 장혜진은 더욱더 자신을 긍정의 두드림으로 격려했다.

"긍정의 말, 긍정의 행동, 긍정의 생각은
어떤 역경에서도 다시 일어설 수 있도록
도와주는 특효약인 것 같아요."

실제 장혜진은 경기 때마다 스스로를 긍정하는 혼잣말로 여러 위기 상황을 '희망적인 상황'으로 바꿔놓았다. 장혜진은 스스로 친구와 동료를 칭찬하는 긍정을 전파하는 데 앞장선다. 대회에 참가할 때도 할아버지와 할머니를 생각하며 활을 더 잘 쏘려고 한다. 자신이 활을 잘 쏘는 모습을 보고 두 분이 기뻐하고 나중에 칭찬받을 생각을 하면 힘이 솟는다는 것이다.

장혜진의 두드림

Do Dream

10세 때 양궁 여신을 꿈꾸며 양궁을 시작했다. 그럼에도 29세까지 올림픽 출전의 기회를 잡지 못했다. 하지만 '잘될 거야'라는 긍정의 두드림으로 지옥훈련을 자청했다. 결점을 보완하는 특별훈련으로 자신을 완성시켰다. 그 결과 올림픽 첫 출전에서 금메달 2관왕의 주인공이 되며 양궁 여신이 됐다.

스포츠 영웅
박세리

세계 골프 명예의 전당에 오른 골프의 전설

박세리는 대한민국 골프의 전설이다. '박세리 키즈'의 우상이 되어 대한민국을 골프 강국으로 만드는 데 상징적인 역할을 했다.

1998년 7월 7일, 대한민국은 외환 위기로 고통을 겪고 있었다. 이때 LPGA미국 여자프로골프 투어에 처음 진출한 박세리는 골프공이 물에 빠지자 양말을 벗고 물에 들어가는 '맨발 투혼' 끝에 US 여자오픈에서 우승하며 온 국민에게 기쁨을 안겨줬다.

21세 때의 일이다. 골프 여왕이 되겠다는 박세리의 두드림은 중학교 1학년 때 시작됐다. 아버지 친구를 따라 아마추어 골프대회에 갔다. 이

곳에서 한국 초등학생과 중학생 가운데 골프를 가장 잘 친다는 한희현, 김미현과 인사를 하게 됐다. 그런데 박세리에게 찌릿찌릿한 전율이 느껴졌다.

"누가 나를 소개할 때
얘가 한국에서 1등이야,
이러면 얼마나 멋질까 하고 생각했죠.
집에 돌아와 세계 1등이 되겠다며
아빠를 졸라 골프를 시작했어요."

이렇게 시작된 박세리의 두드림은 아버지와의 지옥훈련으로 이어졌다. 육상 선수였던 그는 다리가 튼튼해야 한다고 생각해 아파트 15층 계단을 매일 다섯 번씩 오르락내리락했다.

걸을 때는 뒤꿈치를 들고 까치발로 걸었다. 골프장에 들어가면 새벽부터 저녁 늦게까지 나오지 않았다. 매일 1,000번 넘게 스윙 연습을 했다. 실행의 두드림은 매우 가혹했다. 아버지 사업이 기울자 '철'까지 들었다.

"아버지 사업이 크게 기울었어요.

어린 나이에 충격이었죠.

그래서 성공한 모습을

하루빨리 보여주려고

이를 악 물고 쳤어요."

박세리는 자신의 성공이 집안을 일으키는 길이라고 생각했다. 중학
교 3학년 때이던 1992년 KLPGA한국 여자프로골프 투어에서 첫 승을 올
리면서 두각을 나타냈다. 박세리의 장래성을 미리 알아본 삼성이 연간
3억 원씩, 10년간 30억 원을 지원해주는 결정을 내렸다.

이후 불과 4년 만인 1998년 21세 소녀는 세계 정상의 두드림을 완성
하고, 한국 어린이 골퍼들의 희망이 되었다.

"뒤돌아보면 운이 좋았어요.

아버지에게 좋은 운동 신경을 물려받았고

죽도록 운동할 수 있는

끈기도 타고났어요."

박세리는 자신의 성공을 운으로 돌렸다. 하지만 운 이전에 박세리는 남다른 노력으로 자신과의 싸움을 이겨냈다.

불가능을 즐기는 두드림

박세리의 성공은 한눈팔지 않는 훈련과 자신만의 노력에 있다. 1997년 박세리는 미국의 올랜도에 있는 레드베터 스쿨에 들어갔다. '골프 여왕'이 되는 수업을 시작한 것이다. 1년간 세계 최고의 골프 교습가로 알려진 데이비드 레드베터로부터 철저한 레슨을 받았다. 박세리는 혹독한 훈련에 앞장섰고 그 결과 같은 해 10월에 열린 미국 LPGA 투어 퀄리파잉스쿨 수석 합격의 영예를 안았다. 이후 박세리는 불가능에 도전해 상상을 현실로 만들었다.

투어 데뷔 단 4개월 만인 1998년 5월 18일 맥도널드LPGA챔피언십에서 첫 승을 올린 데 이어 7주 뒤 US 여자오픈에서 승리했다. 신인 선수가 같은 시즌에 메이저 타이틀을 두 차례나 차지한 것은 1984년 이후 14년 만에 처음이었다. 어떻게 이 같은 신화를 만들 수 있었을까.

"저는 경기를 할 때

갤러리가 많으면 많을수록

사람이 제 공을 바라보면 바라볼수록

에너지를 더 받는다고 생각했어요.

그게 경기를 즐기는 거예요."

어린 시절부터 박세리는 강심장이었다. 경기 규모가 클수록, 갤러리가 많을수록, 팬들이 몰려들수록 경기에서 더 좋은 결과를 냈다. 원인은 타고난 담대함으로 경기를 즐긴 데 있었다. 모든 경기가 즐거웠고 하는 경기마다 생각한 대로 술술 풀렸다.

실수를 해도 공은 어김없이 그린 위로 올라가 홀 안으로 빨려 들어갔고, 잘못 쳐도 오비가 나지 않았다.

유명세를 타자 전 세계에서 박세리를 초청했다. 밤 비행기를 타고 각종 대회에 다니면서 몸을 혹사시켰다. 수차례 탈진해 쓰러지기도 했다. 그런데 어느 순간부터 뜻하는 대로 공이 쳐지지 않았다. 박세리는 몹시 당황했다.

"지금 생각해보니까,

그때부터 골프를 즐기는 것을

망각했던 것 같아요.

스케줄을 너무 지독하게 짜서

여유를 잃어버렸던 것 같아요."

박세리는 최정상에 섰을 때 슬럼프가 올 것을 걱정했다. 그래서 너무 무리하게 자기 자신을 관리했다. 휴식과 식이요법 등을 통해 자기 자신을 완벽하게 틀 안에 가둬버렸다. 이것은 박세리에게 덫이 되었다.

"아프면 아프다,

힘들면 힘들다,

인정하고 받아들여야

슬럼프가 오질 않아요.

그런데 저는 지금 괜찮다고,

지금 정말 잘하고 있다고,

내 몸을 속이고 학대했던 것 같아요."

박세리는 "경기를 즐길 때는 자신감이 넘쳐났지만 즐기는 것을 잃어버리면서 성과가 나빠졌다"고 말한다. "연습을 게을리해서 그렇다"는 소문도 돌았다.

박세리는 2006년 자신을 이겨내고 부활했다. 메이저대회인 LPGA 챔피언십에서 호주의 캐리 웹을 연장전에서 꺾고 우승한 데 이어 두 차례 더 우승했다. 2007년에는 한국인 최초로 LPGA 명예의 전당과 세계 골프 명예의 전당에 최연소로 헌액되는 영광을 안았다. 물론 아시아인 최초의 일이다. 즐길 줄 알 때 불가능한 일도 쉽게 보이는 법이다.

박세리의 두드림

Do Dream

중학교 3학년 때 세계 1등 골퍼를 꿈꿨고 즐기는 두드림 끝에 대한민국 골프의 전설이 됐다. 두드림을 이루기 위해 매일 1,000번 넘게 스윙 연습을 했다. 큰 경기를 할수록, 갤러리가 많을수록 담대함과 자신감으로 경기를 즐겼다. 그 결과 아시아인 최초로 세계 골프 명예의 전당에 헌액되는 영광을 안았다.

문화예술 영웅
이경규

치밀한 자기 관리로 롱런하는 예능 황제

'예능 황제' 이경규는 지지 않는 인기 연예인이다. 수많은 코미디언이 역사의 뒤안길로 사라졌지만, 묵묵히 35년째 현역에서 자리를 지키고 있다.

이경규는 아버지가 미군 부대 통역관으로 일해 어릴 때부터 외국인들을 자주 보고 자랐다. 어릴 때부터 사람들을 배꼽 빠지게 웃길 정도로 끼가 있었다. 이 같은 자신의 소질을 알고 있던 이경규는 처음부터 '연예인'을 향한 두드림을 두드렸다. 동국대학교 연극영화과에 입학했다. 두드림대로 연예인의 길을 찾았다.

처음에는 영화배우나 탤런트가 되고 싶었다. 그런데 부산 출신으로 유독 사투리가 심해서 개그맨의 길을 찾기로 했다. 생각해보니 길은 많았다. 그래서 21세 대학생 이경규는 1981년 6월 MBC 개그맨 콘테스트에 도전했다. 인기상을 받아 꿈꾸던 연예계에 데뷔할 수 있었다.

그런데 이게 어찌 된 일인가? 개그맨은 수명이 짧았다. 인기가 떨어지면 금세 설 자리를 잃었다. 그는 오래가는 연예인이 되겠다는 두드림을 갖게 됐다.

수많은 두드림 끝에 결론은 '자기 관리'와 '공부'에 있다는 사실을 알게 됐다. 팬을 실망시키지 않는 행동을 실천하기로 했다. 철저한 실행의 두드림으로 노력하는 코미디언이 되기로 했다.

"연예인 생활을 하다 보면
생활이 흐트러지기 마련이죠.
자기 경영이 스스로를 지켜준다는
신념을 갖고 생활해왔습니다."

이경규는 '자기 경영'의 실천자다. 20~30대는 재능과 끼로 버틸 수 있지만, 나이를 먹으면 '자기 자신을 관리하는 사람'이 오래 살아남는다고 믿고 있다.

그래서 음주운전, 외박, 싸움, 도박 등 물의를 일으킬 만한 일은 아예 하지 않는다. 심지어 약속 시간에 절대 늦지 않고 항상 먼저 도착한다. 이경규가 선택한 자기 관리 방법 중의 하나는 다양한 분야를 공부하는 것이다.

"방송 채널이 수십 개씩 불어나서
특정 고정 프로그램 하나만 가지고는
살아남기 힘듭니다.
다양한 분야를 공부해서
파고들어야 합니다."

이경규는 공부하고 연구하는 연예인의 길을 두드렸다. 대본을 받아 들면 방송 준비에 많은 시간을 쏟았다. 생각의 두드림으로 어떻게 웃길 것인가를 고민했다.

그런데 이경규는 웃기기 위해 남들이 뭘 좋아하는지를 먼저 생각하지 않는다. 자신이라면 뭘 좋아하게 될지를 먼저 떠올린다. 자신이 편하고 어색하지 않아야 편안한 웃음을 끌어낼 수 있다고 생각한다.

그래서 낚시 방송을 할 때는 낚시터를 직접 수배해서 두세 번씩 다녀온다. 꽃 관련 방송을 할 때는 식물 연구가들을 만나 몇 시간씩 공부를 하고 온다. 웃음은 결국 공부의 산물이라고 강하게 믿기 때문이다.

끊임없이 기회를 찾는 두드림

이경규가 처음부터 인기가 있었던 것은 아니다. 거의 10년 동안 두각을 나타내지 못했다. 그래서 기회를 잡기 위해 철저하게 준비했다. 어느 날 〈별이 빛나는 밤에〉 라디오 공개 방송에 나갈 기회가 생겼다. 바람잡이 역할이었다. 기회를 잡기 위해 밤새 어떻게 해야 '빵' 터지는 역할을 할 것인가를 고민했다. 생각의 두드림은 이경규가 청취자들을 충분히 웃길 수 있도록 수많은 아이디어를 줬다. 정말 최선을 다해 바람잡이 역할을 했다.

최선을 다해 청취자를 웃기자 라디오만 맴돌던 이경규에게 '진짜' 기회가 왔다. 송창의 PD가 〈일요일 일요일 밤에〉 출연을 요청했다. 이때 그의 나이 31세였다. 평소 준비된 사람에게 더 큰 기회가 오는 법이다. '몰래 카메라' 아이디어가 나왔다.

"고민하고 또 고민하면

정말 좋은 아이디어들이 나오는 것 같아요."

1991년 '몰래 카메라'와 1996년 '이경규가 간다, 양심냉장고'는 이경규를 스타 개그맨의 반열에 올려놓았다.

"시청자는 항상 새로운 것을 원합니다.

시청자가 원하는 트렌드를 찾아

끝없이 공부하고 새로운 시도를 하면

더 좋은 발전의 기회가 생기죠."

이경규는 콩트면 콩트, 토크 쇼면 토크 쇼, 야외 촬영이면 야외 촬영, 버라이어티면 버라이어티 등 세상이 원하는 트렌드면 그 트렌드를 따라간다.

자신이 기회를 찾기 위해 노력한 만큼 기회를 찾는 후배들을 끌어주는 리더십이 남다르다. 자신이 발굴해 지원한 이른바 '규 라인'까지 만들어질 정도다. 이휘재, 강호동, 김용만, 김구라, 정형돈, 이윤석, 윤형빈 등이 그들이다. 이경규는 후배들의 든든한 지원자이면서도 결코 생색내는 법이 없다. 이런 태도가 존경심을 만들어준다.

이경규의 꿈은 코미디언으로 정년을 맞는 것이다. 외국은 나이 든 연예인이 많지만 한국은 그렇지 못해 아쉬워하고 있다. 그래서 늙어 죽을 때까지 현장에서 뛰겠다는 두드림으로 뛰고 있다.

이경규의 두드림

DoDream

코미디언으로 정년을 맞는 것, 죽을 때까지 현장에서 뛰는 꿈을 두드리고 있다. 오래 살아남는 연예인이 되겠다는 두드림으로 공부와 연구를 게을리하지 않았다. 음주운전, 싸움, 도박을 하지 않는 자기 관리의 길을 두드렸다. 그 결과 롱런하는 예능 황제가 될 수 있었다.

문화예술 영웅
양희은

국민에게 감동을 주는 선율의 여왕

양희은은 참 듣기 좋은 목소리의 통기타 가수다. 1970년대는 통기타
와 맥주, 청바지로 대변되는 시대, 양희은은 대중의 가슴을 울리는 노
래를 불렀다.

어릴 때부터 가수가 되는 꿈이 양희은의 유일한 두드림이었다. 세 자
매 중 장녀였던 양희은은 13세 때 아버지를 하늘나라로 보냈다. 그리
고 빚보증을 잘못 서 온 가족이 거리로 나앉게 되자 양희은은 소녀 가
장이 되어 생활비를 마련하기 위해 통기타를 들었다.

대학생이 된 양희은은 가수의 꿈보다는 돈을 벌기 위해 음악다방에

서 노래 아르바이트를 시작했다. 20대 내내 노래를 불러 부모가 남긴 빚을 갚았다. 이때 공연 반주를 맡은 운명의 작곡가 김민기를 만났다. 꿈을 꾸는 사람은 운명적인 만남을 하게 되는 법. 둘의 만남은 포크음악이라는 새로운 장르를 탄생시켰다.

1971년 9월 19세의 앳된 단발머리 대학생 양희은은 김민기가 작곡한 노래 〈아침이슬〉을 발표했다. 저항의 메시지를 담은 이 노래는 당시 대중음악계에 일대 충격이었다.

그런데 "태양은 묘지 위에, 붉게 떠오르고"라는 가사가 문제가 됐다. 묘지는 남쪽 군사 정부를, 태양은 북쪽의 지도자를 가리킨다는 당시 박정희 정부의 기막힌 해석 때문에 1년 만에 금지곡이 됐다.

1975년 꿈 많던 23세 양희은은 포크 음악에 족쇄를 채우는 긴급조치 9호 때문에 더 큰 가수를 향한 두드림을 접고 활동을 중단해야 했다. 이후 〈아침이슬〉은 15년 만인 1987년 6·29 선언 몇 달 뒤 해금됐다. 그 사이 〈아침이슬〉은 우리나라에서 가장 많이 불리는 성스러운 '국민가요'가 되어 있었다.

〈아침이슬〉은 내 인생을 바꿔놓았어요.

노래의 주인은 내가 아니라

이를 듣고 되받아 불러주는

사람들의 것이라고 생각해요."

당초 〈아침이슬〉은 시위대를 독려하기 위해 제작된 노래가 아니었다. 하지만 양희은은 "노래란 노래를 다시 불러주는 이들의 것이지 작곡가, 가수의 것이 아니다"라고 말한다. 양희은은 생명력이 있는 노래란 "듣는 이에게 드넓은 공명을 일으키는 노래"라며 "이런 노래는 가수가 원하던 원하지 않던 오래간다"고 말한다. 양희은은 이처럼 오래가는 노래를 부르는 게 자신이 갖고 있던 두드림 중 하나였다.

양희은은 31세 때 난소암 말기 판정을 받았다. 3개월밖에 못 산다는 시한부 선고였다. 바쁜 스케줄 때문에 몸을 제대로 챙기지 못해 상황이 심각해진 것이었다. 하지만 치열한 자기 관리와 항암 치료 끝에 기적처럼 건강을 되찾았다.

"어머니의 정성을 생각하며

반드시 회복될 것이라고 믿었죠."

양희은의 긍정의 믿음은 헛되지 않았다. 3개월 시한부 인생을 5년 만에 완치 판결로 바꿔놓았다. 양희은은 기쁨을 되찾았고 36세에 결혼해 남편을 따라 미국으로 이민을 떠났다. 그런데 자궁근종이라는 병이 찾아왔다. 양희은은 아이 갖기를 포기하고 자궁을 모두 들어내야만 했다.

"투병은 내 인생의 큰 전환점이 됐어요.

절망 가운데 있을 때

내 손을 잡아준 사람,

그렇지 않은 사람이 구별되더라고요."

양희은은 어려운 가정환경을 극복하며 가수의 두드림을 통해 세상에 큰 울림을 주고 있다. 시한부 인생 선고에도 긍정의 두드림으로 우뚝 일어섰다. 저항 가수로 활동이 금지됐지만 끈질긴 두드림으로 국민에게 감동을 주는 선율을 선물하고 있다.

오래 버티고 살아남는 두드림

양희은은 생명력이 긴 노래를 갖고 있다. 데뷔 46년간 양희은은 '잘 버텨왔다'는 말로 그동안의 두드림을 표현한다. 난소암을 잘 버텼고 가수 활동 금지도 잘 버텼고 소녀 가장으로 어려운 가정환경도 잘 버텨냈다.

"긴 시간 잘 버텨온 것 같아요.
경쟁이 치열한 가요계에서
오래 버텼으니까 그래도 뭔가 있는 거죠.
아무것도 없이 오래 살아남을 수 없는 거죠."

양희은은 인정받는 가수가 되기 위해, 오래 살아남는 가수가 되기 위해 최선을 다해 삶을 두드렸다. 녹슬지 않는 가수가 되기 위해, 힘이 부치는 가수가 되지 않기 위해 자기 관리에 철저했다.

"노래쟁이가 관객에게 힘이 부치는 걸 들키면
재미없어지는 거예요.
나는 끝까지 노래할 겁니다.
내가 힘이 달리는 게 느껴질 때
그때 무대에서 내려올 겁니다."

양희은은 끝까지 버텨서 살아남는 사람이 진짜 이기는 사람이라고 생각한다. 양희은은 1999년부터 MBC 라디오에서 〈여성시대〉만 18년째 진행하고 있다. 이렇게 오랫동안 진행을 맡는 것도 다 비결이 있다. 나름대로 철저한 분석을 통해 사연을 아주 재미있게 감칠맛 나게 읽어준다. 이른바 청취자 중심에서 생각하고 이야기를 풀어나간다. 그녀만의 오래 살아남는 비법을 갖고 있는 것이다.

양희은의 두드림

Do Dream

인정받는 가수, 국민 곁에 오래도록 함께하는 가수의 꿈을 두드리고 있다. 암에 걸려 시한부 인생 선고를 받았음에도 긍정의 두드림으로 우뚝 일어섰다. '잘 버티는 사람이 승리한다'는 믿음으로 어려운 가정환경을 잘 버텼고 가수 활동 금지도 잘 버텨냈다. 그 결과 국민에게 감동을 주는 선율의 여왕으로 자리매김했다.

문화예술 영웅
이순재

대한민국 연기 대부, 꽃할배

　이순재, 사람들은 그를 '꽃할배'라고 부른다. 80세가 넘은 나이에 현역이다. 데뷔 60년이 넘었다. '나이는 숫자에 불과하다'며 많은 어르신들에게 큰 희망이 되고 있다.

　이순재의 어릴 적 두드림은 연기자가 되는 것이었고 현재 두드림은 자기 관리다. 연기자의 두드림을 완성하기 위해 이순재는 전공이었던 철학과는 다른 길을 걸었다. 서울대학교 연극반에서 연극 활동을 시작했고 대학 2학년 때 흑백 영화 〈햄릿〉을 보고 갈망의 두드림에 이끌렸다.

"그래 연기를 하는 거야.
영국 거장 로렌스 올리비에 정도의
연기면 예술적 창조 행위야.
나도 배우가 되자."

 이런 생각으로 대학 3학년이던 이순재는 1956년 연극 무대에 오르며 배우의 길에 들어섰다. 연기를 배우고 경력을 쌓아 배우로 우뚝 서기 위한 실행의 두드림을 연극 무대에서 시작했다. 연기자가 되어서는 빈틈없는 자기 관리를 중요한 실행의 두드림으로 설정했다. 배우로서 자기 역할에 충실하지 못하거나 스캔들에 얽히면 연기자로서 오랜 생명력을 유지하기 힘들다는 생각의 두드림이 그를 빈틈없는 연기자로 만들어놓았다. 이 때문에 원로 배우가 됐지만 연기에 대한 열정은 그 누구보다 강하다.

"연기자가 등장인물을 정확히 표현하려면

나아가 관객의 공감을 끌어내려면

작품의 의미와 정서는 물론

캐릭터의 정확한 역할을 철저히 공부해서

정확히 전달해야 합니다."

이순재의 이 같은 철학은 작가나 감독은 물론 시청자가 좋아하는 국민배우의 반열에 그를 올려놓았다. 그래서 작가 김수현은 자신의 작품을 표현해줄 배우, 페르소나로 이순재와 단짝이 됐다. 페르소나는 작가나 감독의 철학과 전달하고 싶은 메시지를 그대로 표현해주는 분신과 같은 연기의 달인을 일컫는다.

이순재는 1991년 MBC 〈사랑이 뭐길래〉에서 대발이 아버지 역할을 맡아 최고 시청률 64%를 기록했다. 이 덕분에 국회의원을 지내기도 했다. 정치권에 실망한 이순재는 정치 외도를 중단하고 다시 연기를 두드렸다. 연기 변신에도 주저하지 않았다. MBC 시트콤 〈거침없이 하이킥〉에서 가족 몰래 야동을 보다 들켜 '야동 순재' 캐릭터가 만들어졌다. 2013년에는 〈꽃보다 할배〉에 출연해 나이와 상관없이 도전하는 열정으로 꽃할배 열풍을 일으켰다.

이렇게 이순재는 고지식한 할아버지였던 자신의 이미지를 젊은 층이 좋아하는 '꽃할배'로 바꿔놓았다. 새로운 도전인 실행의 두드림이 만들어낸 선물이었다.

"나이에 위축되지 말고
늘 새로운 일에 도전해야 합니다.
왕성한 체력을 키우고
맡은 일에 최선을 다할 때 기쁨이 오는 겁니다."

이순재는 엄청난 학구파다. 촬영 내내 대본과 책을 손에서 놓지 않는다. 배우로서 장르와 역할을 불문하고 시청자와 호흡하는 배우가 되기 위해 열정을 다한다. 이순재는 "암기력이 다할 때까지 연기하고 싶다"라며 "끝까지 시청자의 사랑을 받기 위해 노력해야 한다"고 말한다. 자기 관리의 두드림이 오래가는 연기자의 꿈을 이뤄주고 있다.

자나 깨나 한결같이 공부하는 두드림

이순재는 대본을 받으면 거침이 없다. 모조리 암기한다. 2017년 현재 83세의 노년이지만 청년처럼 생각하고 열정적으로 행동한다.

"같은 역할을 해도 세월이 지날수록

새로운 걸 자꾸 발견하고

이게 이런 말이구나, 이런 뜻이구나

하는 걸 이해하게 되죠.

그러면서 점점 원작에 다가가는 것 같아요."

이순재의 성공은 공부하는 두드림에 있다. 대사를 철저하게 암기하고 음미하며 배역에 최선을 다한다.

"모든 걸 걸어야 성공할 수 있어요.

어떤 일이든지 처음엔 좀 힘들겠지만

극복해가는 과정이 중요합니다.

극복해내면 자기 것이 되니까요.

그것이 진짜 성취고 보람 아닐까요."

이순재의 오늘날은 다양한 배역에 대한 도전의 두드림과 그 역할을
성공적으로 소화해내는 완성의 두드림이 만들어낸 결과다. 이순재는
60년 넘게 연기를 해왔지만 멈춤이 없다.

"연기란 완성이 없어요.

죽들 때까지 한없이 새로운 몸짓을 추구해야죠.

배우란 늘 새로운 걸 만들어야 해요."

이 때문에 이순재는 자신의 오늘을 있게 했던 연극 무대에 애정이 많
다. 대배우임에도 출연료에 아랑곳하지 않고 연기를 먼저 생각한다.

"초기에 참 고생을 많이 했어요.

연기를 위해 집에 전혀 신경을 못 썼죠.

하루 벌어 하루 먹어야 했고

한 달에 일주일 정도만 집에 들어가야 했죠."

이순재는 "노력 없이 되는 것은 아무것도 없었다"며 "연기에 큰 욕심을 내고 최선을 다했더니 좋은 결과가 생겼다"고 회상한다.

"화려하게 우뚝 섰을 때
거기에 만족하면 위기가 오죠.
항상 몸을 낮추고 최선을 다해
노력해야 오래가죠."

'꽃할배'로, '국민배우'로 온 국민의 사랑을 받는 데는 모두 이유가 있다. 연기자를 향한 두드림으로 그 꿈을 꽃피운 이순재. 그는 여전히 새로운 도전을 꿈꾸고 있다.

이순재의 두드림

Do Dream

평생 동안 연기의 달인이 되는 꿈을 두드렸다. 오랜 생명력을 지닌 연기자가 되기 위해 철저한 자기 관리의 길을 두드리고 있다. 80대 노인이지만 자나 깨나 한결같이 공부하는 두드림, 배역에 최선을 다하는 두드림으로 국민배우가 됐다.

문화예술 영웅
하지원

악바리 근성으로 천의 얼굴을 만든 연기 여신

배우 하지원은 천의 얼굴을 가졌다. 극과 극을 넘나들며 상반된 이미지를 자유자재로 보여주는 '야누스 배우'다.

어릴 때부터 공부도 잘하고 친구한테 인기도 많았다. 초등학교 2학년 때부터 중학교 3학년 때까지 8년 동안 학급 회장을 할 정도로 리더십이 뛰어났다. 노래를 좋아해 합창단 단원으로도 활동했다. 초등학교 때 해를 보는 걸 워낙 좋아해 어릴 적 별명은 '해님'이었고 장래 희망은 '우주 비행사'였다. 그만큼 우주에 관심이 많다. 2011년 자신이 창업한 회사 이름도 '해와달 엔터테인먼트'다.

중학생 때부터 배우의 꿈을 갖게 됐다. 탤런트 고두심의 연기를 보며 배우의 꿈을 두드렸다. 하지만 오디션에 줄줄이 낙방했다. 결국 고등학교 3학년 때 KBS 청소년 드라마 〈신세대 보고서 어른들은 몰라요〉에 첫 모습을 선보이며 청춘스타로 떠올랐다.

1999년 청소년 드라마 〈학교 2〉로 데뷔해 이름을 알리기 시작했다. 2002년 영화 〈색즉시공〉으로 스타덤에 올랐고 2009년 〈해운대〉로 생애 첫 천만 관객 돌파 영화의 주인공이 됐다. 2010년에는 〈시크릿 가든〉이 히트를 치며 톱 여배우의 자리를 굳혔다. 이처럼 하지원은 영화와 TV를 망라하는 팔색조 배우의 장기를 가졌다. 그녀의 성공 비결은 어디에 있는 것일까.

"저는 특별한 장기가 없어요.
그래서 역할이 정해지면
지독할 만큼 독하게 캐릭터를 연구하죠.
이 때문에 '진짜 독종'이란 소리를 들어요."

하지원은 말 그대로 '독종'이다. 〈색즉시공〉 촬영 때 에어로빅 장면을 위해 하루 5시간 이상씩 연습을 했다. 감독도, 작가도, 아무도 그렇게 하라고 시킨 사람은 없다. 그냥 그렇게 해야 인정받는 배우가 된다고 믿었기 때문이다.

하지원은 고양이 알레르기가 있다. 하지만 카메라 앞에만 서면 고양이를 껴안으며 능청스럽게 연기를 해낸다. 그녀의 '악바리 근성'이 대배우로 거듭나는 원동력이 된 것이다.

"전 동시에 여러 개 욕심을 안 내요.

하나를 똑바로 잘하자는 게 소신이죠.

그래서 한번 일에 빠지면

다른 일에 한눈팔지 않고

그 일에만 집중하죠."

이 같은 하지원의 두드림은 누구나 함께하고 싶은 배우로 만들어줬다. 사람의 능력에는 한계가 있고 짧은 시간에 여러 작품에 출연하면 그만큼 최선을 다하기 힘들다는 게 하지원의 생각이다.

"할리우드 스타들도

평소 모여서 스터디를 한대요.

끊임없이 노력하는 배우가 되고 싶어요.

연기를 참 잘한다는 말도

꼭 듣고 싶어요."

하지원의 현재는 노력하는 두드림이 만들어낸 결과물이다. 원인 없이 결과도 없다. 두드림은 원하는 결과를 만들어낸다. 불가능에 대한 두드림은 가능이란 결과물을 만들어내고 희망에 대한 두드림은 소원 성취로 돌아온다.

늘 노력하고 도전하는 두드림

톱스타가 됐지만 하지원은 항상 부족하다고 생각한다. 항상 변신하고 발전하는 배우가 되려고 한다. 다양한 사연과 다양한 사람들을 표현하는 것을 중요한 도전 과제로 생각하고 있다. 변화 속에 성숙함을 보여주는 게 배우의 책임이자 의무라고 믿는다. 찾아서 보고 싶게 만드는 연기가, 하지원이 데뷔 20년을 맞아 새롭게 설정한 두드림이다.

"확 변신을 해야겠다는 생각보다

　작품 속에서 변화하고 성숙한 원숙미를

　만들어내는 노력,

　다양한 장르의 낯선 배역에 도전하는

　연기자가 되고 싶어요."

　하지원은 현재에 머물지 않고 더 다양한 모습으로 시청자의 사랑을 끌어내는 연기에 도전할 생각이다. 도전을 중요하게 생각하기 때문에 대역의 도움을 받지 않고 직접 액션 연기에 도전한다. 이 때문에 머리에서부터 발끝까지 안 다친 곳이 없다. 손가락, 목뼈, 무릎, 꼬리뼈, 인대, 코 등 안 다친 곳이 없지만, 여배우 하지원은 이를 두려워하지 않는다.

"액션 연기를 할 때면

　부상의 위험을 달고 살아요.

　그래서 연기자의 투혼이

　더 가치 있는 것 아닐까요."

그래서 액션 역할이 주어지면 요즘에는 3~4개월 전부터 안 다치기 위한 운동을 시작한다. 몸을 유연하게 하기 위해 발레 스트레칭을 하고 해당 배역에 필요한 몸동작을 미리 공부한다.

하지원이 처음부터 인정받는 배우는 아니었다. 오디션을 볼 때마다 탈락했고, 배우가 되어서도 데뷔 초기에는 연기 때문에 감독에게 쓴소리를 듣기 일쑤였다.

"몸이 부서져도 좋다.

몸과 마음으로 최선을 다하면

인정받게 될 거야."

이 같은 각오로 하지원은 자신을 점차 발전시켰다. "주눅 들지 말자, 밝은 마음을 갖자, 성실하자"라고 외치며 스스로를 '햇살 같은 존재'로 만들어갔다. 그러자 함께 있기만 해도 마음이 밝아지는 배우라는 평가가 나왔다.

"미래를 미리 걱정할 필요는 없는 것 같아요.

걱정한다고 내일이 달라지나요.

오늘 즐겁게 살고

최선을 다하면 내일이 되고

또 내일 최선을 다하면 되는 것 아닌가요."

하지원은 노력의 두드림을 믿는다. 내일 일은 내일 하고 하루하루 최선을 다하면 자연스럽게 내일은 좋은 결과가 나온다고 믿는다. 왜 이렇게 낙천적일까. 하지원은 '좋아하는 일'을 하고 있기 때문이라고 단언한다. 하지원은 "연기는 자신이 가장 좋아하는 일을 찾아낸 결과물이다"라며 "좋아하는 일 속에 행복이 있다"고 말한다.

하지원의 두드림

Do Dream

시청자의 사랑을 끊임없이 이끌어내는 연기자의 꿈을 두드리고 있다. 팔색조 배우가 되기 위해 노력하는 두드림의 길을 걷고 있다. 대역을 쓰지 않고 직접 액션 연기를 하고 특별한 장면 하나를 연출하기 위해 하루 몇 시간씩 연습을 하는 독종이다. 이 결과 천의 얼굴을 가진 연기 여신이 됐다.

Do Dream

영웅들의 두드림 따라 하기

- ✓ 항상 노력하고 매사에 최선을 다하라.
- ✓ 자나 깨나 한결같이 공부하라.
- ✓ 오래 버티고 살아남는 방법을 찾아라.
- ✓ 가치 있는 일을 찾아 끝장을 봐라.
- ✓ 될 때까지 끝까지 기회를 찾아라.
- ✓ 조급해하지 말고 끝까지 버텨라.
- ✓ 생각했던 것 이상으로 혼신의 힘을 다하라.
- ✓ 이만하면 됐다는 생각에 멈추지 말라.
- ✓ '열심히'를 앞세워 '후회 없는 삶'을 만들라.
- ✓ 경쟁자는 항상 자기 자신, '나'란 사실을 잊지 말라.
- ✓ 한계 상황에 직면해도 죽을힘을 다해 버텨라.
- ✓ 우~와, 감동을 주는 결과를 만들어내라.
- ✓ 결과보다 과정 속에서 최고의 기쁨을 만끽하라.
- ✓ 잘될 것이라고 믿고 고난을 이겨내라.
- ✓ 불가능한 일을 기쁜 마음으로 즐겨라.

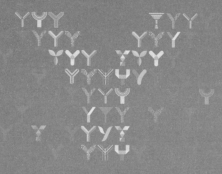

DoDream

**불가능을 즐겨라
Enjoy The Impossible!**

두드림

Part 4

두드림의
기적들

인생을 바꾸는
두드림

    MBN 기자들이 지난 3년간 크고 작은 성공을 거둔 사람들의 특징을 분석한 결과, 원하는 것을 이뤄낸 사람들은 모두 그들만의 성공 비밀이 있었다.

    누구나 원하는 목표를 이루겠다는 갈망의 두드림이 있었고, 그 갈망을 어떻게 이룰 것인가를 숱하게 고민하는 생각의 두드림이 있었다. 마지막으로 가장 중요한 '실행'이 있었다. 실행의 두드림은 불가능을 가능으로 바꿔놓았고 상상을 현실로 바꿔놓았다.

    결국 원하는 것을 꿈꾸고 끝까지 꿈을 두드린 사람은 누구나 크든 작든 원하는 것을 쟁취해냈다. 두드림을 통해 인생을 바꿨다. 이것이 바로 두드림의 기적이다.

성공이라는 목적지까지 가는 데 있어 중요한 것은 꿈을 향한 '생각의 끈', 화두를 멈추지 않았다는 것이다. 꿈을 향한 도전을 중단하지 않았다는 것이다. 결코 포기하지 않았다는 것이다.

성공한 사람들은 '두드려라! 그러면 열릴 것이다'라는 믿음 하나로 삶을 끊임없이 두드렸다. 자신의 나태함을 두드려 부지런한 사람으로 바꿨고 가난을 두드려 부자가 되었다. 누구나 안 된다고 하는 것을 두드려 기적을 만들어냈다.

두드림을 통해 인생을 바꾸고 세상을 바꾼 두드림의 기적들을 소개한다.

신기한 마법의 힘을 주다

두드림은 신기함 힘을 가졌다. 두드림의 힘을 믿으면 믿는 대로 된다. 알버트 아인슈타인은 날마다 수백 번씩 "고맙습니다"라고 말했다. 실험 결과가 잘못 나와도 이것을 통해 새로운 사실을 알게 되어 고맙다고 했다. 그랬더니 신기하게도 모든 게 원하는 대로 고마운 결과가 나왔다.

비행기를 만든 라이트 형제, 카메라와 필름을 발명한 조지 이스트먼, 전화기를 발명한 알렉산더 그레이엄 벨, 필라멘트 전구를 발명한 토머스 에디슨의 공통점은 무엇일까?

이들은 보이지 않는 세상을 철저히 믿었다. 불가능을 가능으로 바꿨다. 한 번도 자신들이 하는 일이 불가능하다고 생각해본 일이 없다. 자신이 하는 일의 결과를 믿었고 상상을 현실로 바꿔놓았다. 그 결과 인류의 역사를 진화시켰다.

그레이엄 벨은 '보이지 않는 힘'이 있다고 믿었다. 그는 "현재 우리의 모습은 과거에 우리가 했던 생각의 결과다. 그 힘이 무엇인지는 나도 모른다. 나는 단지 그 힘이 있다는 사실만 알 뿐이다"라고 말했다. 그 힘은 어디에서 나온 것일까? 바로 두드림의 힘이다.

내가 이 세상의 '주인공'이라고 생각하라. 다른 사람이 어리석다고 하더라도 내가 꿈꾸는 세상이 있으면 그것을 향해 돌진하라. 자동차 왕 헨리 포드는 "자신이 하는 일은 불가능하든, 가능하든, 당신이 옳다고 믿고 하라"고 조언한다. 하고 싶은 일이 있으면 무조건 그 일을 두드리라는 것이다.

역사를 바꾼 위인들은 '나'를 중심으로 생각했다. 지구가 나를 위해 존재하고 세상이 나를 위해 때를 기다려준다는 생각의 두드림을 했다.

두드림하면 그냥 꿈이 이루어지고 우주의 법칙이 작동해 나를 중심으로 움직일 것이라고 믿었다. 터무니없어 보이지만, 실제 그랬고 세상은 그들이 꿈꾸는 대로 작동했다.

나의 두드림이 세상을 움직이는 힘이 되고 그 힘은 내 안에서 나오기 때문이다. 아인슈타인의 상대성 이론도 나를 중심으로 세상을 바라봤기 때문에 나온 것이다.

앨리사 카슨은 우주 비행사가 되어 화성에 가는 꿈을 꿨다. 그런데 3세 꼬마 아이 때 〈꾸러기 상상 여행〉이라는 어린이 TV 프로그램을 보면서 꿨던 그 꿈이 현실이 되고 있다.

7세 때 나사의 우주 체험 캠프에 가게 됐고 2015년 14세 때 나사에 발탁되어 2033년 최초의 화성인이 되기 위한 특별훈련을 받고 있다. 4개 국어에도 능통하다.

이처럼 꿈을 꾸고 두드리면 신기하게 현실이 된다. 꿈은 꾸는 사람이 가져가게 된다. 무모한 일이라고 생각하지 말고 '갈망→생각→실행'의 순서대로 꿈을 '내 것'으로 만들어라.

두드림의 신기한 마법의 힘을 믿고 두드림을 실천하라. 그러면 두드리는 과정에서 저절로 지혜의 문이 열리게 될 것이다.

새로운 미래를 여는 희망을 주다

반기문 전 UN 사무총장은 외교관의 꿈을 두드렸다. 그는 고등학교 3학년 때 존 F. 케네디 미국 대통령에게 한국의 외교관을 넘어 세계의 외교관이 되라는 덕담을 들었다. 그 말 한마디는 반기문의 마음을 울렸고 외교관의 꿈을 '갈망'으로 바꿔놓았다. 대학 졸업 후 외교관이 됐고 외교통상부 장관에 이어 UN 사무총장의 자리까지 올랐다.

김연아는 피겨 여왕의 꿈을 두드렸다. 초등학교 1학년 때 환상의 아이스 쇼 〈알라딘〉을 본 것이 계기가 됐다. 더 나아가 미셸 콴이 나가노 동계 올림픽에서 은메달을 따는 모습을 보고 자신은 금메달의 주인공이 되겠다고 상상의 나래를 폈다. 그리고 12년 뒤 꿈을 현실로 만들었다. 꿈꾸고 두드린 결과였다.

토머스 에디슨은 발명왕의 꿈을 두드렸다. 그리고 전기 발명품을 만드는 열정의 늪에 빠져들었다. 근사한 직장에 다니던 22세 때 직장을 그만두고 《전기학의 실험적 연구》라는 책을 읽은 게 계기였다. 10년의 두드림 끝에 32세 때이던 1879년, 그는 필라멘트 백열전구를 세계 최초로 개발했다. 그가 완성한 두드림은 밤에도 일할 수 있도록 인류의 역사를 바꿨다.

알버트 아인슈타인은 '특수 상대성 이론'을 발표하며 수백 년간 이어진 우주관을 송두리째 바꿔놓았다. 그의 나이 고작 26세 때다. 학교 성적이 나빠 낙제생 취급을 받았던 아인슈타인은 정규 물리학을 공부하지 않은 채 자신만의 두드림으로 11년 뒤 또다시 '일반 상대성 이론'을 내놓아 세상을 놀라게 했다. 그는 결국 세계적인 천재 물리학자가 되었고 다른 사람 눈치를 보지 않는 자신만의 두드림으로 노벨 물리학상까지 받았다.

마케도니아 전쟁터에서 자란 알렉산더 대왕은 세계 정복을 꿈꿨다. 20세에 대왕The Great이 됐고 22세에 5만 명의 군사를 이끌고 그리스 도시 국가들을 모두 정복한 뒤 오랜 숙원이었던 페르시아제국까지 정복했다. 이집트와 인도까지 모두 손에 넣을 수 있었다. 두드림은 이처럼 두려움을 없앤다.

인류가 우주에 대한 두드림을 시작한 것은 1957년이다. 러시아는 그해 10월 4일 세계 최초로 인공위성 '스푸트니크 1호'를 우주로 발사했다. 한 달 뒤 이번에는 개를 태워 2호를 발사했다.

이 같은 실행의 두드림으로 우주선에서도 생명체가 생존할 수 있다는 사실을 최초로 확인할 수 있었다. 이러한 사람이 살 수 있다는 확신으로 1961년 사람을 태운 보스토크 1호를 발사했다. 이로써 유리 가가린Yuri Gagarin이란 인류 최초의 우주인을 탄생시켰다. 우주를 향한 두드림이 상상을 현실로 바꾼 것이다.

역경을 이겨내는 용기를 주다

루트비히 판 베토벤은 '제2의 모차르트'가 되겠다는 꿈을 두드렸다. 결국 그는 음악적 천재성은 없었지만 고전 음악의 최고 완성자가 되었다. 그에게도 시련은 있었다. 26세부터 귀가 멀기 시작해 30세가 되자 완전히 귀머거리가 됐다. 작곡가로 퇴출될 것이 두려워 유서까지 남기고 자살을 시도했다. 하지만 죽음으로 두드림을 멈출 수는 없었다.

다시 일어섰다. 귀머거리 작곡가는 〈영웅3번〉, 〈운명5번〉, 〈전원6번〉 교향곡에 이어 인류 최고의 예술 작품 9번 교향곡 〈합창〉을 두드림 끝에 완성해냈다. 그의 위대한 두드림은 그를 악성의 반열에 올려놓았다.

헬렌 켈러는 최악의 상황에서도 강의하고 책 쓰는 꿈을 꿨다. 그녀는 태어난 지 19개월 만에 병에 걸려 장님, 벙어리, 귀머거리의 3중 장애인이 됐다. 하지만 정상인의 삶을 갈망했다. 헬렌 켈러는 불가능에 대한 실행의 두드림을 시작했다.

그녀는 점자를 통해 글을 배웠고 이를 통해 책을 썼다. 10세 때는 발성법에 도전했다. 신기하게 두드림은 현실이 됐다. 자신의 운명을 작가, 강연가, 배우, 사회사업가로 바꿔놓았다. 꿈을 향한 두드림의 결과였다.

넬슨 만델라는 흑인 차별 없는 세상을 꿈꿨다. 종신형을 선고받은 죄수 번호 46664의 그는 27년 6개월간 감옥 생활을 했다. 하지만 그에게는 갈망의 두드림이 있었다. 언젠가는 흑인 차별이 철폐될 것으로 믿었고 교도소에서 끊임없이 희망의 메시지를 세상에 전파했다.

38세에 투옥돼 65세에 석방되기까지 흑인 차별 철폐를 향한 만델라의 두드림은 지속되었다. 그 결과 그는 남아프리카공화국의 국민 영웅이 되었고 76세에 남아프리카공화국 최초의 흑인 대통령이 됐다. 350여 년에 걸친 인종 분규도 끝이 났다. 이처럼 두드림은 역경도 이겨낼 수 있는 강력한 마력을 갖고 있다.

박지성은 축구 국가 대표 선수의 꿈을 두드렸다. 운동 선수가 되기 힘든 평발을 갖고 태어났지만 축구가 너무 좋았다. 계속해서 꿈을 두드렸다. 하지만 키도 작고 몸집도 왜소해 대학 입학마저 좌절됐다. 그래도 두드림을 멈추지 않았다.

두드리면 열리는 법. 결원이 생겨 명지대학교에 겨우 입학할 수 있었다. 그런데 19세 박지성에게 기적이 일어났다. 당시 2000년 시드니 올림픽 축구 대표팀과 명지대학교 축구부가 연습 경기를 하게 된 것이다. 박지성의 두드림은 당시 대표팀 허정무 감독의 눈에 띄었고 단번에 올림픽 축구 대표 선수가 됐다.

박지성은 여기에서도 더 위대한 선수가 되겠다는 두드림을 멈추지 않았다. 그러자 박지성은 영국 맨체스터 유나이티드 100년 역사상 첫 한국인 축구 선수가 됐다.

루터킹 목사는 인종 차별 없는 세상을 꿈꿨다. 그는 39세에 암살된 미국의 흑인 운동 지도자이자 목사이다. 비록 짧은 삶이었지만, 그가 꿈꿨던 두드림은 인류의 마음을 울렸다. 34세 때 그 유명한 "나에게는 꿈이 있습니다 Have a Dream"라는 역사적 연설을 하며 인종 차별 없는 세상을 여는 데 기여했다. 그는 '인종 차별 없는 세상'을 두드려 그가 원하는 세상으로 사회를 바꿨다.

인생을 환하게 밝히는 등불이 되다

프란치스코 교황은 '지행합일知行合一'의 두드림을 실천했다. 가톨릭 역사상 1,282년 만에 선출된 비유럽 출신 교황인 그는 생각과 실행의 두드림이 한결같다. 지행합일, 즉 아는 것과 행동이 똑같다. 웨이터 생활을 하다, '가난한 자를 위한 목자', '약자를 위한 친구'가 되겠다는 두드림으로 22세 때 늦깎이로 신학 공부를 시작했다. 그럼에도 지행합일의 두드림은 그를 가톨릭 최고 자리에 올려놓았다.

조앤 K. 롤링은 마법의 세계에 대한 상상의 두드림에 빠졌다. 그리고 남다른 상상력으로 《해리포터 시리즈》를 발간해 전 세계를 마법에 빠지게 했다. 《해리포터 시리즈》는 67개 언어로 번역되어 4억 5,000만 부 이상 팔리는 신드롬을 만들었다.

그녀는 어떻게 이 같은 성공을 이룰 수 있었을까. 롤링 스스로 성공하겠다는 두드림이 컸기 때문이다. 그녀는 이혼녀, 실업자, 무명작가, 우울증 등 실패의 대명사였다. 그렇지만 위대한 작가를 향한 두드림의 열망은 누구보다 강했다. 항상 성공한 뒤의 기쁨을 생각하며 상상의 두드림에 빠졌고 그 두드림은 놀라운 결과를 만들어줬다.

박찬호 선수는 세계적인 야구 선수의 꿈을 두드렸다. 안정된 미래가 보장된 대학 입학도 포기하고 미국 프로 야구의 정글 속으로 뛰어들어 한국인 최초의 메이저리거가 되었다. 그 결과 17년간 꿈의 무대에서 124승을 달성한 '코리안 특급'이 됐다.

유재석은 국민MC가 되겠다는 꿈을 꿨다. 사실 그는 데뷔 초기 실패한 개그맨이었다. 울렁증이 심해 카메라 앞에만 서면 주눅 들고 대사가 기억나지 않았다. 무려 8년간이나 무명의 설움을 받았다.

　하지만 유재석은 스타를 향한 두드림을 멈추지 않았다. 스타들의 방송 장면을 녹화해 수십 번 반복해서 보는 '리모컨 공부법'으로 MC 잘하는 법을 수년 동안 두드렸다. 유재석의 두드림은 자신만의 톡톡 튀는 대화법을 탄생시켰다. 그 결과 국민MC가 되겠다는 두드림을 쟁취해낼 수 있었다.

　어니스트 헤밍웨이의 두드림은 '행동하는 작가'였다. 작가의 길을 찾기 위해 대학도 포기했다. 그리고 1차 세계대전이 일어나자 '전쟁 소설'을 쓰는 작가가 되기 위해 운전병을 자원했다. 이 경험담을 소설에 담아 6년 뒤 첫 번째 두드림의 결과물로 《해는 또다시 떠오른다》를 내놓았다.

　청년 헤밍웨이는 스페인과 터키 내전, 2차 세계대전이 발생하자 종군 기자로 다시 전쟁터에 뛰어들었다. 소설을 쓰기 위한 두드림이었다. 이 두드림은 그 유명한 《누구를 위하여 종은 울리나》, 《무기여 잘 있거라》로 다시 태어났다. 그리고 그가 완성한 두드림은 그에게 위대한 문호라는 칭호와 노벨문학상 수상의 영예로 돌아왔다.

서진규는 어려운 환경 속에서도 공부에 대한 꿈을 꿨다. 사실 그녀는 엿장수의 딸이었다. 먹고살기 위해 미국으로 갔다. 잡지 판매, 식당 직원, 가발 공장 여공 생활을 전전하면서도 공부에 대한 두드림을 멈추지 않았다. 남편의 폭행에 시달렸고 이혼까지 했다. 두드림을 찾아 미 육군 사병으로 입대했다. 그곳에서 서진규는 인생을 바꾸는 두드림을 이어갔다. 군부대에서 공부를 시작해 58세에 하버드대학교 박사가 되는 두드림을 완성했다. 그러는 사이 미군 소령까지 진급했다.

좌절하지 않는 에너지가 되다

마윈은 세계 최고의 부자가 되는 꿈을 꿨다. 그는 10대, 20대 때 소위 '왕따'였고 머리도 나빠서 하는 일마다 실패를 했다. 고등학교는 재수, 대학은 삼수 끝에 들어갔다.

그럼에도 그에게는 큰 두드림이 있었다. 바로 IT 재벌의 꿈이었다. 남들이 비웃어도 그의 두드림은 흔들리지 않았다. 그 결과 그는 세계 최대 온라인 상거래업체인 알리바바그룹의 창업자가 됐고, 세계 최고의 부자가 되겠다는 꿈을 이뤘다.

엄홍길은 어렸을 때부터 산악인이 되겠다는 꿈을 꿨다. 그는 3세 때부터 서울 도봉산 중턱에 살았다. 학교를 가려면 학교와 집까지 왕복 1시간가량 산을 올라야 했다. 고등학교 2학년 때 산악인 고상돈이 한국인 최초로 에베레스트 산 등정에 성공했다는 뉴스를 보고 자신도 세계 최고 산악인이 되겠다는 꿈을 두드렸다.

군을 제대한 25세 청년 엄홍길은 해발 8,848m 세계 최고봉 에베레스트 산 등반에 첫 도전장을 냈다. 쉽지 않은 두드림이었다. 두 번이나 실패했지만 세 번째 두드림을 실행한 끝에 성공했다. 3년 만에 이룬 결과였다.

이후 두드림이 계속됐다. 결국 모든 봉우리를 정복해 세계 최초로 히말라야 16좌 완등이라는 기록을 세웠다. 그의 두드림은 세계 최고 산악인이라는 명성을 그에게 안겨줬다.

Do Dream

인생을 바꾸는 두드림 따라 하기

- ✓ 꿈을 향한 '생각의 길'을 멈추지 말라.
- ✓ 꿈을 향한 도전을 중단하지 말라.
- ✓ 한번 시작하면 결코 중도에 포기하지 말라.
- ✓ 두드리면 열릴 것이라고 믿어라.
- ✓ 실패해도 고맙다고 외쳐라.
- ✓ 나태함을 두드려 부지런함으로 바꿔라.
- ✓ '안 된다'고 하는 것을 두드려 기적을 만들라.
- ✓ 불가능을 가능으로 바꿔라.
- ✓ 상상을 현실로 바꿔라.
- ✓ 하고 싶은 일이 있으면 무조건 두드려라.
- ✓ 내가 꿈꾸는 세상이 있으면 그것을 향해 돌진하라.
- ✓ 내가 세상의 주인공이라고 생각하라.
- ✓ 성공한 뒤의 나의 모습을 날마다 상상하라.
- ✓ 나를 시험에 들게 하는 역경을 이겨내라.
- ✓ 두드림의 기적이 곧 생길 것이라고 확신하라.

꿈을 이루는 두드림

꿈을 이룬 수많은 사람은 두 가지 두드림 정신을 실천했다.

첫 번째 두드림 정신은 '캔 두 정신'이다. 성공한 사람들은 자신이 설정한 목표 자체가 높았다. 거의 불가능에 가까울 정도로 큰 꿈을 가지고 있었다.

"세계 1등이 될 거야." "올림픽 금메달을 딸 거야." "노벨상을 받을 거야." "대통령이 될 거야." "삼성과 같은 회사를 창업할 거야."

이 같은 원대한 꿈, 즉 갈망은 생각의 두드림을 만들어냈다. 어떻게 꿈을 이룰 것인지, 고민하면서 생각에 빠지고, 다른 사람들에게 길을 물었다.

어떤 사람은 책을 읽으며 길을 찾았다. 어떤 사람은 영화나 TV 속에서 주인공이 펼치는 성공 신화를 벤치마킹해서 자신의 생각을 만들어 냈다.

어떤 사람은 신문 속 인물의 이야기를 읽고 자신의 길을 찾았다. 어떤 사람은 선생님이나 유명 연사의 강의를 듣고 인생의 길을 발견했다.

그런데 중요한 것은 목표를 세운 다음, 그 목표를 꼭 이룰 것이라는 '캔 두 정신'이 그 누구보다 강했다는 점이다. 할 수 있다는 자신감으로 무장한 그들은 목표를 향해 돌진했다.

두 번째 두드림 정신은 '도전 정신'이다. 성공한 사람들은 불굴의 도전 정신을 갖고 있다. 두드림의 뜻대로 꿈을 두드리고 또 두드렸다. 열 번 두드려서 안 이뤄지면 스무 번, 아니 수백 번 두드릴 용기를 갖고 있었다.

필라멘트 전구를 발명한 토머스 에디슨은 작은 전구 하나로 세상을 밝게 밝힐 수 있다는 강한 확신을 잃지 않았다. 도전 정신은 수많은 실패에도 그를 좌절시키지 못했다. 전구를 발명하는 과정에서 무려 2,399번이나 실패했다. 에디슨은 도전을 멈추지 않았다. 마지막 한 번을 더 도전하지 않았더라면 전구를 발명하지 못했을 것이다. 에디슨은 말한다.

"나는 한 번도 실패한 적이 없다.

단지 2,000번 이상의 단계를 거쳐

전구를 발명했을 뿐이다.

천재는 1% 영감과 99% 노력으로

이루어지는 것이다."

라이트 형제도 불굴의 정신으로 비행기를 발명했다. 그렇게 큰 물체가 어떻게 뜰 수 있을까에 대해 의심하고 포기했더라면 해낼 수 없는 일이었지만, 라이트 형제는 할 수 있다는 '캔 두 정신'과 도전 정신으로 불가능을 가능으로 바꿔냈다.

라이트 형제는 프로펠러 엔진을 장착한 모형비행기를 만들어 고향인 미국 오하이오 주의 데이턴Dayton 언덕에서 1,000번이 넘게 비행기를 띄우는 실행의 두드림 끝에 1903년 12월 17일 첫 비행에 성공했다. 새처럼 하늘을 나는 인공물을 만들겠다는 갈망의 두드림은 수많은 시행착오를 통해 성공 신화를 만들어냈다. 생각의 두드림과 실행의 두드림은 멈추지 않은 도전 정신으로 빛을 발하게 하는 기폭제가 됐다. 불가능할 것 같았던 비행기의 발명은 지구촌에 교통과 물류 혁명을 가져다주며 인류 역사를 바꿔놓았다.

이처럼 성공한 사람들은 남다른 도전 정신과 '캔 두 정신'으로 무장했다. 그리고 세상과 맞부딪쳤다.

지금 우리에게는 현재의 '초라한 나'를 미래의 '성공한 나'로 바꿔줄 꿈과 불가능에 대한 도전이 절실하다. 나아가 성취할 수 있다는 '캔 두 정신'으로 이 도전을 즐기는 마음의 여유가 필요하다.

이 책《두드림, 불가능을 즐겨라》는 성공을 꿈꾸거든 불가능을 즐기라는 화두를 성공을 꿈꾸는 모든 사람에게 던진다. 쉬운 길보다는 거칠고 힘든 길, 남이 가는 길보다는 나만의 길을 걸어볼 것을 제안한다.

신화를 창조해준다

두드림은 개인은 물론 기업의 신화도 만들어준다. 조성진 LG전자 부회장의 두드림은 LG전자 가전 신화를 만들어줬다. 그는 LG전자에 입사해 36년간 세탁기만 두드린 '세탁기 박사'다. 최종 학력은 고졸. 하지만 그는 실력과 탁월한 성과로 진짜 박사학위 소유자도 할 수 없는 '고졸 신화'를 창조해냈다.

"고졸 출신이라고

당시 좋은 품목은 다른 사람들이 차지하고

저는 세탁기를 맡게 됐죠.

하지만 세계 1등을 만들었어요."

조성진은 집요한 두드림으로 한국형 세탁기를 탄생시켰다. 당시 국내 시장의 세탁기 보급률은 0.1% 수준에 그쳤고 대부분 일본 기술에 의존했다. 세계 1등 국산 제품을 만들 것이라는 조성진의 두드림이 시작됐다. 10여 년 동안 150번 넘게 대한 해협을 건너며 일본의 밑바닥 기술을 익혔다. 일본 기술 자료집과 서적은 닥치는 대로 구입했다. 숙식은 아예 회사에서 했다. 밤샘 작업을 하다 코피도 숱하게 흘렸다. 이렇게 부품을 하나씩 국산 기술로 만들어갔다.

조성진의 강렬한 두드림은 '통돌이 세탁기'로 태어났다. 세탁기와 모터가 한 몸처럼 움직이는 신개념 세탁기였다. 생각의 두드림이 만들어 낸 혁신 제품이었다.

조성진의 생각의 두드림 속에는 항상 혁신과 제품이 자리 잡고 있다. 생각의 두드림은 새로운 미래를 만들고 새로운 신화를 창조한다.

새로운 역사를 만들어준다

피아니스트 조성진은 피아노 천재다. 소위 쇼팽에 꽂힌 쇼팽 마니아다. 조성진은 6세 때 피아노의 아름다운 선율에 이끌려 동네 음악 학원에서 피아노 공부를 시작했다. 수영, 미술 등을 배웠지만, 피아노만큼 조성진을 행복하게 해주는 것은 없었다. 피아노에 푹 빠진 조성진은 세계 최고의 피아니스트가 되는 꿈을 꾸기 시작했다.

조성진은 초등학교 3학년이 되자, 피아노 공부를 본격적으로 시작했다. 그 두드림은 현실이 되어 중학교 2학년 때 세계 3대 청소년 음악회 가운데 하나인 '모스크바 국제청소년 쇼팽 피아노 콩쿠르'에서 영예의 1등을 차지했다.

조성진의 두드림은 위대했다. 청중을 놀라게 했고 자신만의 색깔로 전율시켰다. 누구도 흉내 내기 힘든 자기만의 연주를 선보였다. 생각의 두드림이 창조해낸 그 자신만의 음악의 신세계였다. 이 신세계는 21세 때인 2015년 세계 최고 권위의 콩쿠르인 '폴란드 국제 쇼팽 피아노 콩쿠르'에서 한국인 첫 우승이라는 기록을 만들어냈다. 연주회마다 매진 행렬이 이어졌고 조성진은 '슈퍼스타'로 떠올랐다. 두드림의 결과는 이처럼 행복과 기쁨을 가져다준다.

"같은 곡을 수십 번 연주하다 보면

매너리즘에 빠질 수 있어요.

그래서 항상 처음 연주하는 듯한

신선함을 살리려고 최선을 다합니다."

조성진의 두드림이 만든 성과는 그의 열정에서 비롯됐다. 어느 누구도 조성진에게 세계적인 피아니스트가 될 것을 주문하지 않았다. 부모가 피아노를 가르치기 위해 극성을 부리지도 않았다. 오직 조성진 스스로가 일군 성과라는 데 의미가 크다. 그렇기 때문에 조성진의 두드림은 그만큼 의미 있고 가치 있다.

개인을 발전시키고 성장시킨다

MBN 특임 이사 겸 앵커인 김은혜는 우리나라 최초의 '여기자 출신 앵커'다. 1993년 MBC 사회부 기자를 시작으로 두드림을 통해 스스로 자기 인생을 창조해냈다. 기자는 수많은 사람을 만나고 다양한 경험을 하는 직업이다. 그 매력을 동경해 대학생 때 기자의 꿈을 두드렸다.

"사회의 어두운 그늘을 걷어내는 데 기여하고 싶었어요."

　김은혜는 이 두드림을 이루기 위해 언론사 입사에 도전했다. 꿈은 현
실이 됐고 '기자의 문'이 열렸다. 그녀는 또 다른 두드림에 집중했다. 남
자 기자와 경쟁하는 두드림을 시작한 것이다. 이 결과 여성 최초 정당
출입 기자, 최초 기자 출신 여성 앵커의 문이 열렸다.

　이렇게 치열하게 기자와 앵커 생활을 하자, 뜻하지 않는 기회의 문이
열렸다. 2008년 2월 청와대 대변인으로 발탁된 것이다. 2년 5개월간
청와대에서 외신 대변인으로 활동했다.

　다시 기회가 왔다. 기자 경험을 살릴 수 있는 것이었다. KT에서 콘텐
츠 전략과 커뮤니케이션 임원으로 활동하며 그동안의 경험을 살릴 수
있었다. KT에서 퇴사하고 가정주부로 돌아왔다. 그런데 기자 시절 초
심의 두드림이 김은혜의 마음을 다시 움직였다. MBN에서 〈뉴스 앤 이
슈〉 앵커를 맡게 된 것이다.

"약한 사람에게 약하고
　강한 사람에게 강한 사람이 되자."

이 초심으로 김은혜는 사회에 필요한 메시지를 전하고 있다. 김은혜는 자신의 두드림이 흔들릴 때마다 기자 생활을 시작할 때의 자신을 떠올리며 스스로에게 질문한다고 한다.

"나는 감동을 전하는 기자이고 싶다.
그때의 너처럼 살고 있니? 이게 맞니?"

김은혜의 기자를 향한 두드림은 여성 첫 앵커를 만들어줬고 청와대 대변인, 대기업 임원으로 성장시키는 발판이 됐다. 두드림은 개인을 발전시키고 성장시키며 사회에 좋은 영향을 주는 구성원으로 발전하도록 도와준다.

장래 소망을 현실로 만들어준다

한국을 대표하는 천재 로봇 과학자 데니스 홍Dennis Hong UCLA 교수는 7세 때 영화 〈스타워즈〉를 봤다. 이 영화를 본 날 로봇 과학자를 장래 희망으로 정했다. 매일매일 부모님께 커서 로봇 과학자가 되겠다고 노래를 부를 정도였다.

그만큼 데니스 홍의 로봇 과학자를 향한 갈망의 두드림은 컸다. 그리고 이 꿈을 현실로 만들었다. 꿈을 찾아 미국으로 유학을 갔고 로봇 대가가 되기 위해 치열하게 공부한 끝에 공학 박사학위를 땄다. 여기에서 멈추지 않고 로봇을 만드는 두드림이 이어졌다.

"실패의 연속이었습니다.

만들고 실패하고

다시 만들고 좌절이 이어졌죠."

끈질긴 두드림 끝에 2011년 모두가 불가능하다고 생각했던 시각 장애인용 자율주행 자동차를 개발하는 데 성공했다. 세계 최초였다. 〈워싱턴 포스트〉는 이를 '달 착륙에 버금가는 성과'라고 평가했다. 〈파퓰러 사이언스〉는 데니스 홍을 젊은 천재 과학자 열 명 중 한 명으로 선정했다. 두드림의 결과는 이처럼 달콤한 것이다.

로봇 과학자의 꿈을 이룬 데니스 홍의 현재 두드림은 따뜻한 세상을 만드는 일이다.

"로봇은 말 그대로 기계입니다.

인간의 일을 대신할 수 있는

고지능의 도구일 뿐입니다."

데니스 홍에게 로봇이란 인간이 할 수 없는 것들을 해줄 수 있는 따뜻한 기계다. 따라서 데니스 홍은 인간을 이롭게 하는 '홍익인간' 로봇을 만드는 두드림을 실천하고 있다. 로봇과 기술이 논리logic가 아니라 사랑love이라고 믿고 있다.

상상을 현실로 만들어준다

미국 나사에서 화성 탐사 프로젝트를 총괄하고 있는 사람은 다름 아닌 한국인이다. 여성 과학자 제인오는 화성 거주지 건설의 첫 단계 목표인 '마스Mars 2020' 프로젝트를 추진하고 있다. 화성에 탐사 로봇을 보내 암석과 토양 샘플을 취재해 지구에 가져온 뒤 화성에 사람이 살 수 있는지를 분석한다. 이어 2030년에는 유인 탐사선을 보내 화성에 거주지를 건설하는 게 제인오의 꿈이다.

그녀의 현재는 10세 때 시작된 두드림에서 시작됐다. 1969년 7월 20일, 흑백 TV를 통해 인류 최초로 달에 착륙한 아폴로 11호의 발사 장면을 보면서 우주 전문가의 꿈을 키웠다.

"우~와, 멋있다.
나도 저런 일을 해야지."

이 갈망의 두드림은 제인오를 우주 과학자의 길로 이끌었다. 대학을 졸업한 제인오는 24세 때 남편과 함께 유학을 떠났다. 미국 디트로이트대학교 대학원에서 처음 본 컴퓨터는 신세계 그 자체였다. 제인오는 잘 때도 컴퓨터를 꼭 끌어안고 잘 정도로 컴퓨터 매력에 푹 빠졌다.

컴퓨터 박사가 된 제인오는 GM, 포드 등 미국 굴지의 기업에서 일했다. 그러다 44세가 되던 2003년 어느 날 불현듯 10세 때 두드림이 생각났다. 나사에 교육을 갔는데, 그곳에서 쌍둥이 화성 탐사 로봇 스피리트Spirit와 오퍼튜니티Opportunity 발사 장면을 목격하게 된 것이다.

"아, 내가 초등학교 때 꿈을 잊고 있었구나.
내가 저 프로젝트를 총괄해야지."

제인오는 자신이 꿈꿨던 갈망의 두드림을 다시 깨웠다. 나사의 문을 두드렸다.

며칠 밤을 새워 '우주 탐사용 소프트웨어'를 만들어 화성 탐사를 이끌 겠다는 청사진을 나사에 제시했다. 두드리면 문은 열리는 법. 제인오는 이로써 우주 과학자의 꿈을 이뤄냈다.

참 신기한 일이다. 그저 TV를 보면서 나중에 어른이 되면 훌륭한 우 주 과학자가 되겠다고 꿈꿨는데, 그 꿈이 자신도 모르게 현실이 됐다. 제인오는 "끊임없이 새로운 것을 찾아 매달리는 열정이 지금의 나를 만 들었다"고 말한다.

"영화 속에서나 봤던

공상 과학 소설 같은 내용을

현실로 만드는 도전이

날마다 이어지고 있죠.

은퇴 같은 것은 생각지도 못해요."

제인오가 꿈꾸는 두드림은 벌써 2020년 뒤로 가 있다. 제인오는 "우 주 탐사는 백지에 무언가를 그리는 일이다"라며 "정해진 길을 가는 것이 아니라, 새로운 상상을 하고 그걸 실현할 방법을 찾아내는 직업이라 매우 설렌다"고 말한다.

불가능을 가능으로 바꿔준다

세상엔 참 불가능한 일이 많다. 영화에만 등장했던 '냉동 인간' 기술을 현실로 만든 사람이 있다. 맥스 모어Max More 생명연장재단 앨코 Alcor CEO가 주인공이다. 이곳에는 현재 150여 명의 냉동 인간이 잠들어 있다.

불치병에 걸려 죽은 이들은 장차 과학 기술의 발전으로 치료법이 등장하면 다시 깨어나 치료를 받게 된다.

냉동 인간이 되는 데 드는 비용은 한 사람당 20만 달러약 2억 3,000만 원, 냉동 인간이 되겠다고 약속한 회원만 1,000명이 넘는다. 과연 영생하는 세상이 열리게 될까?

"희망을 파는 게 아니라

기회를 제공하는 겁니다.

냉동 시신이 다시 살아나는 꿈이

언젠가는 꼭 실현될 겁니다."

앨코는 의학적으로 사망 선고를 받은 시신을 35분 안에 급속 냉동하는 기술을 개발했다. 냉동팀은 의사의 사망 선고가 떨어지는 즉시 움직여야 한다. 시신이 굳어지기 전 얼음 욕조를 준비하고 열여섯 가지 특수 처리된 약물과 동결 방지 처리를 통해 곧바로 영하 196도로 급속 냉동시켜 질소 탱크에 보존한다. 이 과정에서 체액은 모두 꺼내 부동액으로 대체한다. 영국, 캐나다, 독일 등에 지사까지 구축해 냉동팀이 활동하고 있다.

그런데 아직 이 '냉동 기술'은 현실로 증명이 되지 않았다. 먼 훗날 냉동 인간이 다시 깨어나 신기술의 도움으로 생명력을 회복할 때 불가능은 가능이 될 것이다.

불가능을 가능으로 바꾸는 것은 믿음이고 기적 같은 일이다. 생각해 보라. 토머스 에디슨이 어떻게 저 조그만 전구 하나로 온 세상을 밝게 밝힐 수 있었겠는가. 모두들 불가능한 일이라고 생각했지만 에디슨은 불가능을 가능으로 바꿨다.

라이트 형제는 하늘을 나는 '물체', 즉 비행기를 만들었다. 그 당시 그렇게 큰 물체를 날게 하는 것은 엄두도 못 냈지만 라이트 형제는 불가능을 가능으로 바꿨다.

인류의 달 착륙, 인공위성의 발사, 전화기와 텔레비전의 발명, 자동차의 발명, 암의 정복 등 우리 주변에는 불가능을 가능으로 바꾼 수많은 사례가 있다.

불가능을 가능으로 바꾸는 것은 수많은 도전과 시련 속에 두드림이 이어진 결과다. 일각에서는 시신 냉동 보존술을 두고 탈 수 없는 탑승권을 파는 것과 같다고 비판한다. 이 말대로 맥스 모어는 현재 무모한 도전을 하고 있는지도 모른다. 맥스 모어는 말한다.

"50년 전 숨이 멈춘 순간

죽음을 판정받았을 사람들이

지금은 심폐소생술로 살아나는 것처럼

현재 의사가 죽었다고 판정한 사람들이

진짜 죽은 것이 아닐 수 있죠."

앨코의 '냉동 인간 보관소'에는 뇌만 보존하는 사람도 있다. 몸은 DNA를 통해 복제할 수 있기 때문이다. 뇌에 생명력을 부활시킬 수 있는 미래가 열리면 더 젊어진 신체에 뇌만 이식해 완전히 다른 삶을 살 수 있는 명실공히 '부활'이 가능해지기 때문이다.

맥스 모어는 과학 기술이 발전하면 냉동 보존된 사람들이 깨어날 것으로 확신하고 있다. 그는 "냉동 인간 기술을 쥐에 적용했을 때 뇌가 성공적으로 보존된 것을 확인했다"고 설명한다.

Do Dream

두드림의 기적 만들기

- ✔ 결과를 먼저 생각하라, 그러면 이뤄진다.
- ✔ 방법을 고민하라, 그러면 해법이 등장한다.
- ✔ 원하는 것을 갈구하라, 그러면 얻게 된다.
- ✔ 하고 싶은 일을 해봐라, 그러면 결과가 생긴다.
- ✔ 잘될 것이라고 말하라, 그러면 잘된다.
- ✔ 불가능이 없다고 믿어라, 그러면 기적이 일어난다.
- ✔ 상상하라, 그러면 현실이 된다.
- ✔ 웃고 기뻐하라, 그러면 기분이 좋아진다.
- ✔ 기도하라, 그러면 기도가 이뤄진다.
- ✔ 배려하라, 그러면 더 큰 기쁨이 찾아온다.
- ✔ 남을 사랑하라, 그러면 나도 사랑받게 된다.
- ✔ 남을 용서하라, 그러면 나도 용서받게 된다.
- ✔ 이웃을 도와라, 그러면 내게 더 큰 도움이 온다.
- ✔ 행복하다고 생각하라, 그러면 행복해진다.
- ✔ 좋은 것을 두드려라, 그러면 좋은 게 온다.

DoDream

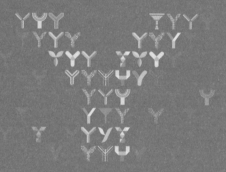

불가능을 즐겨라
Enjoy The Impossible!

두드림

Part 5

:

두드림
실천법

당장 세 가지 두드림을
시작하라

이제 내가 원하는 두드림이 있다면 이것을 내 것으로 만들어야 한다. 성공한 사람들의 성공 비밀을 알고만 있어서는 안 된다. 적극적으로 내가 '성공의 주인공'이 되어야 한다. 나만 성공의 비밀을 알고 있어서는 안 된다.

두드림이 알려주는 '갈망→생각→실행'의 세 가지 성공 법칙을 주변에 알려야 한다. 친구에게 알리고 형제자매에게 알리고 동료에게 알려 누구나 성공하는 국민 성공 시대를 만들어야 한다. 그렇다면 성공하기 위해 어떤 일부터 시작하면 좋을까?

성공을 꿈꾼다면 당장 세 가지 두드림을 시작하라. 그 두드림은 원하는 것을 갖도록 해줄 것이다. 꿈꾸는 것을 성취하도록 해줄 것이다. '갈망→생각→실행'의 세 가지 두드림은 우리를 두드림의 최종 목적지로 안내할 것이다.

두드림의 원천은 '갈망'에서 시작된다. 막연하지만, 인생에서 가슴 뛰게 하는 일은 없었는가? 꼭 해보고 싶은 일은 없었는가? 적성과 소질에 맞지 않지만, 그래도 왠지 당기는 일은 없었는가? 텔레비전과 영화를 보면서 따라 하고 싶은 일은 없었는가? 길거리 높은 빌딩을 보고 저것이 내 것이었으면 하고 생각해본 적은 없었는가? 100억 원짜리 복권에 당첨되면 좋겠다고 생각해본 적은 없었는가? 경품 추첨 때 자동차나 해외여행 상품에 당첨되길 기도한 적은 없었는가? 암에 걸린 사람의 기적 같은 치료를 빌어본 적이 있는가? '크루즈'를 타고 세계 여행을 꿈꿔본 적은 있는가? 1등을 꿈꾸고 합격을 기원하고, 승진을 기다리고 있지는 않은가?

갈망을 내 것으로 만들려면 대상을 압축해야 한다. 사람들은 누구나 갖지 못한 것, 이루지 못한 것을 원한다. 그런데 모두 원하는 것을 갖게 되는 것은 아니다. 갈망이 큰 사람이 더 많은 것을 얻게 된다.

너무 많은 것들을 갈망해서도 안 된다. 꼭 성취하고 싶은 몇 가지를 선택해서 집중적으로 갈망해야 한다. 그래야 그 갈망을 내 것으로 만들 수 있다.

갈망하는 대상을 정했다면 갈망에 다가가는 방법을 고민해야 한다. 갈망을 내 것으로 만들 수 있는 수많은 방법을 생각해내야 한다.

갈망의 대상이 압축되면 생각의 두드림을 작동시켜야 한다. 생각은 좀 더 구체적이고 성취 가능한 것이어야 한다. 너무 황당한, 생각의 늪에 빠져서는 안 된다.

지나치게 무모하고, 지나치게 상상력을 발휘하는 것도 좋다. 하지만 갈망에 다가가는 한 걸음, 한 걸음의 생각들이 원대한 꿈에 점차 다가가는 것들이어야 한다.

매우 구체적이고 실현 가능한 일들로 압축돼야 한다. 허공에서만 맴돌면 아직 생각이 부족한 것이다. 실행에 옮길 정도의 구체적인 것으로 생각의 두드림이 정리되어야 한다.

생각이 정리되면 이번에는 행동으로 옮겨야 한다. 실행의 두드림이 가장 중요하다. '천리 길도 한 걸음부터'라는 말처럼 높은 곳에 올라가려면 낮은 곳부터 시작해야 한다. 내가 이뤄낼 수 있는 것부터 차근차근 성취해야 한다. 100층 빌딩에 오르는 것도 1층부터 시작된다. 그래야 그 꿈이 '내 것'이 된다.

이 과정에서 최선을 다한 사람에게는 운과 복이 따른다. '운칠복삼運七福三'은 아무에게나 오지 않는다. 무엇인가를 두드리는 사람에게 온다. 두드리면 저절로 뭔가가 이뤄지는 신기한 일들이 생기게 된다. 누구나 그런 경험을 했을 것이다.

머릿속으로 생각만 했던 것, 갈구했던 것들이 신기하게도 내 것이 되고 상상했던 것들이 현실이 된다. 그래서 두드림의 기적을 경험한 사람들은 "참 신기한 일이다"라고 말한다.

두드림 실천법 ①

Do Dream

> **• 세 가지 두드림을 시작하라.**
> ▸ '갈망의 두드림'을 시작하라.
> ▸ '생각의 두드림'을 작동시켜라.
> ▸ '실행의 두드림'에 올인하라.

갈망의 두드림	생각의 두드림	실행의 두드림
가수 되기.	• 노래 실력 키우기.	• 하루 10시간 연습하기. • 나의 멘토 만들기.
	• 오디션에서 1등 하기.	• 오디션에 도전하기. • 오디션 대회 목록 만들기.
	• 가수 된 뒤 모습 상상하기. ⋮	• 롤 모델 상담받기. ⋮

> **• 두드림의 경험을 널리 전파하라.**
> ▸ 나의 경험담을 널리 알려라.
> ▸ 나의 경험담을 명언으로 정리하라.
> ▸ 작은 경험을 '큰 두드림'으로 발전시켜라.

날마다
두드림하라

성공한 사람은 누구든지 두드림을 실천한 사람들이다. 두드림은 말 그대로 '꿈꾸고Dream 도전하라Do'는 뜻이다. 또 다른 의미로 '꿈꾸고 Dream 두드려라Do'는 의미다.

두드림은 꿈을 두드리고 또 두드리라는 강한 메시지를 담고 있다.

꿈만 꾸고 두드리지 않는 사람은 그 꿈을 성취할 수 없다. 따라서 꿈을 꾸는 사람은 반드시 도전이라는 실행이 뒷받침돼야 한다. 닫힌 문을 열려면 두드려야 한다. 북 소리를 내려면 북을 두드려야 한다. 꿈을 이루려면 꿈도 두드려야 한다.

어떤 꿈이든지 쉽게 열리는 꿈은 꿈이 아니다. 한 번 두드려서 쉽게 열리는 꿈은 아무나 할 수 있는 꿈이다. '큰 꿈'을 꾸고 두드려야 한다.

두드리고 또 두드리고 나를 좌절시키더라도 두드려서 열리게 하는 도전 정신이 바로 두드림의 정신이다.

큰 두드림에 나선 사람들은 꿈을 대하는 자세에서 특별한 점이 있다. 그 특별함은 '나는 할 수 있다'는 '캔 두 정신'이다. 원대한 꿈을 이루고자 하는 사람은 꿈을 꾸고 그 꿈을 이룰 수 있는 자신감, 캔 두 정신이 강렬했다. 도전 정신이 남달랐다. 남다른 개척 정신으로 강한 실행력을 갖고 있다. 불가능을 가능으로 바꿨고 상상을 현실로 만들었다.

성공하려면 날마다 두드림해야 한다. 꿈을 가슴속에 담고 그 꿈을 잊지 않도록 날마다 두드림을 실천해야 한다. 바로 꿈을 펼치는 것은 '꿈꾸고 도전하는 것Dream it, Do it', 다시 말해 두드림을 하는 것이다. 두드림을 멈추면 꿈은 멀리 달아나 버린다.

두드림 실천법 ②

Do Dream

- **날마다 두드림하라.**
  - ▸ 꿈꾸고 도전하라.
  - ▸ 꿈꾸고 그 꿈을 두드려라.
  - ▸ 두드림을 하루도 잊지 마라.
- **캔 두 정신을 가져라.**
  - ▸ '나는 성공할 수 있다'라고 외쳐라.
  - ▸ '나는 할 수 있다'라고 최면을 걸어라.
  - ▸ 도전하면 이뤄진다고 확신하라.

소망 목록을
만들어라

새해, 생일, 기념일, 특별한 일 등을 계기로 하고 싶은 일, 도전하고 싶은 일을 담은 '소망 목록Wish List'을 만들어보자.

노망 목록

날을 빼다.

담배를 끊다.

부모님과 효도 여행을 떠나보다.

인기 가요 10곡을 배워보다.

취업 관문을 뚫다.

10년 후, 창업 성공 신화를 만들다.

작은 소망에서 큰 소망까지 담아낸 소망 목록은 사람에게 어떤 일을 하고 싶은 에너지를 준다. 소망 목록을 만들어보면, 세상엔 정말 할 일이 많고, 갖고 싶은 게 많고, 해보고 싶은 일들도 많다는 것을 알게 된다.

소망 목록 가운데 버킷 리스트가 있다. 이 리스트는 살아 있을 때 꼭 해보고 싶은 일을 적은 목록을 가리킨다. '죽다'라는 뜻으로 쓰이는 속어인 '킥 더 버킷Kick the Bucket'으로부터 만들어진 말이다. 올가미를 목에 두른 뒤 양동이Bucket에 올라간 다음 양동이를 걷어차 처형했다는 데서 유래했다.

사람이 죽기 전에 꼭 해보고 싶은 일은 해보고 죽어야 한다. 최소한 도전이라도 해봐야 한다. 나이가 어린 사람은 정말 많은 일에 도전할 수 있다. 나이가 들수록 사람들은 자신감을 잃게 되고 그냥 포기하는 일이 많아지게 된다.

그것은 자신의 삶을 재미없게 만든다. 희망이 있고 설레는 삶을 만들려면 기다려지는 것, 가슴 뛰는 것, 해보고 싶은 것을 찾아내야 한다. 그것이 삶의 보람과 의미를 찾아준다. '버킷 리스트'를 만들어서 죽기 전에 아쉬움이 없도록 인생을 풍요롭게 만들어야 한다. 좀 더 젊을 때, 한 살이라도 더 젊을 때, 도전해야 아쉬움이 줄어든다.

사람은 하고 싶은 수많은 일 가운데 꼭 하고 싶은 일 몇 가지를 정리

해야 한다. 아름다운 여인과 데이트하기, 소위 백마 탄 남자와 사귀기, 혼자 여행하기 등 그냥 생각만 해도 설레는 일이 있다.

"엄마, 아빠 사랑해요", "누나, 오빠 고마워" 등 평소 하고 싶은 말을 못 해 후회하는 경우도 많다.

버킷 리스트를 만들어보면 많은 사람들이 후회를 하게 된다. 할 수 있는 일을 하지 못했다는 후회가 대부분이다. 버킷 리스트는 우리에게 무엇을 가르쳐줄까. 우리가 인생에서 가장 많이 후회하는 것은 한 일들이 아니라, 하지 않은 일들이라는 아주 단순한 진리이다.

부모님이 돌아가신 뒤에 "살아계실 때 자주 찾아뵐걸, 따뜻한 말이라도 해드릴걸" 하고 후회하는 일이 없어야 한다. 아프고 나서 "건강 좀 관리할걸" 하며 후회해서도 안 된다.

두드림 실천법 ③

Do Dream

- **소망 목록을 만들어라.**
  - ▸ 오늘 하고 싶은 일을 적어라.
  - ▸ 이번 주 하고 싶은 일을 적어라.
  - ▸ 이번 달 하고 싶은 일을 적어라.
- **버킷 리스트를 만들어라.**
  - ▸ 죽기 전에 하고 싶은 일을 적어라.

실행 목록을
만들어라

두드림의 대상이 정해지면 실행 목록, 즉 '실행 목록Do List'을 만들어야 한다. 실행 목록을 만드는 일은 목표에 다가가기 위해 내가 할 수 있는 일의 우선순위를 정하는 일이다.

나중에 '내가 만일 ~를 했다면 지금 어떻게 됐을 텐데'라고 말하는 일이 있어서는 안 된다.

'~했다면'이라고 나중에 후회할 만한 일들을 '지금 당장 하자'는 내용을 담아 실행 목록을 만들어야 한다.

생각해보면 해야 할 실행 목록이 무한대로 만들어질 수 있다. 실행 목록을 만들 때 중요한 것은 내가 처한 환경에서 두드림에 다가가기 위해 실행해야 할 가장 작은 일부터 시작하는 것이다.

실행 목록

지금 당장 영화를 보다.

이번 달에는 가족과 놀이동산에 가다.

올해에는 한 번이라도 해외여행을 가보다.

올해는 영어 공부를 해보다.

부모님과 여행을 가보다.

기타를 배워보다.

다이어트를 해보다.

너무 큰일부터 시작하면 쉽게 지친다. 아주 사소해 보이지만, 커다란 성과를 안겨줄 수 있는 작은 아이템을 찾아 차근차근 큰 꿈에 다가가야 한다.

예를 들어, 주변에 다가가고 싶은 사람이 있으면, 인사부터 잘해야 한다. A+ 학점을 받으려면 어떻게 해야 할까? 방금 싸운 친구와 화해 하려면 어떻게 해야 할까? 가장 쉽게 할 수 있는 간단한 실행 목록부터 만들어 실천해야 한다.

진급하려면 어떻게 해야 할까? 마음에 든 남자, 또는 여자에게 다가 가려면 어떻게 해야 할까? 해외 연수 기회를 잡으려면 어떻게 해야 할까? 실행 목록부터 만들어라. 두드림에 다가가는 방법들이 섬광처럼 떠오르게 된다. 실행 목록이 만들어지면 원하는 모든 것을 얻은 것처럼 기쁨이 밀려오게 된다. 실행 목록을 날마다 점검하고 곧 이뤄질 것처럼 행동하라. 그러면 하루하루가 매우 즐거워진다.

두드림 실천법 ④

- **실행 목록을 만들어라.**
  - ▸ 오늘 해야 할 일을 적어라.
  - ▸ 이번 주 해야 할 일을 적어라.
  - ▸ 이번 달 해야 할 일을 적어라.
  - ▸ 3~6개월 안에 해야 할 일을 적어라.
  - ▸ 1년 안에 해야 할 일을 적어라.
  - ▸ 3년 안에 해야 할 일을 적어라.
  - ▸ 100세까지 나의 미래를 적어라.

- **실행하지 못한 계획의 목록을 만들어라.**
  - ▸ 왜 하지 못했는지 이유를 적어라.
  - ▸ 언제 다시 할 계획인지 시점을 적어라.

금지 목록을
만들어라

할 일 목록, 즉 실행 목록을 만들 때는 하지 말아야 할 '금지 목록 Don't List'을 반드시 함께 만들어야 한다.

금지 목록을 만들 때는 주변 친구와 동료, 부모님, 멘토 등의 의견을 청취해야 한다. 내가 하지 말아야 할 '그것'이 무엇인지 주변에 물어봐라. 친구에게 내가 하지 말아야 할 금지 목록을 적어봐라. 부모에게 내가 해서는 '안 될 말'을 적어봐라. 선·후배와 동료, 상사, 협력회사 직원에게 내가 해서는 '안 될 행동'을 적어봐라.

부부, 자녀와의 사이에도 해서는 안 될 금지 목록을 적어라. 금지 목록은 내가 갖고 있는 좋지 않은 습관, 언행, 태도, 버릇 등이 대부분이다. 권위적인 태도, 거만함, 오만함, 무시, 갑질 등 나의 평판을 깎아먹는 것들이다. 동시에 개인의 경쟁력을 잃게 할 정도로 불필요한 일들이다.

세계적인 경영의 구루 톰 피터스Tom Peters는 "우리의 일상적인 활동의 50~60%는 불필요한 일들로 가득 차 있다"고 말한다.

무슨 말인가? 소중한 시간의 50~60%가 잘못 사용되고 있다는 뜻이다. 너무 과다하게 평가된 것일 수도 있다. 왜냐하면 우리가 하는 일 가운데 불필요하다고 생각되는 것도 사실은 꼭 필요한 일일 때가 많기 때문이다.

우리는 하기 싫은 일도 해야 하고 참석하기 싫은 모임에도 가야 할 때가 있다. 이른바 '정무적 판단'을 통해 인간관계를 위해 자기희생을 해야 할 때가 많다. 지금 당장 나에게 아무 도움이 되지 않지만, 장차 도움이 필요한 분의 상가집에 가야 할지 말아야 할지를 판단하는 것도 정무적인 결정이다.

금지 목록을 만드는 것은 이런 정무적 판단을 말하는 게 아니라 정말 할 필요가 없는 일을 적은 목록을 말한다. 따라서 '할 일 목록'의 우선순위는 금지 목록을 토대로 해야 한다. 금지 목록을 만드는 이유는 '할 일'의 성과를 극대화하기 위한 것이다. 삶의 여유를 찾고 불필요한 일의 덫에 빠지지 않기 위해서다.

살을 빼야 하는가? 먹지 말아야 할 음식의 금지 목록을 만들어라. 너무 바쁘고 시간이 없는가? 자신의 하루 일정 가운데 하지 않아도 되는 일에 대한 금지 목록만 있으면 금세 여유가 생기게 된다. 나의 고쳐야 할 태도와 버릇, 언행 등 금지 목록을 만들어 실천하면 금세 평판이 좋아진다.

두드림 실천법 ⑤

DoDream

• **금지 목록을 만들어라.**
  ▸ 개선해야 할 나의 '그 무엇'을 적어라.
  ▸ 하루 일과 중 '안 해도 될 일'을 적어라.
  ▸ 식습관 중 '고쳐야 할 것'을 적어라.
  ▸ 생활 습관 중 '개선할 사항'을 적어라.
  ▸ 말과 행동 중 '바꿔야 할 것'을 적어라.
  ▸ 평생 해서는 '안 될 일'을 적어라.
  ▸ 나의 평판을 해치는 '그 무엇'을 적어라.

• **실행하지 못한 금지 목록을 만들어라.**
  ▸ 왜 지키지 못했는지 이유를 적어라.
  ▸ 언제부터 지킬 계획인지를 적어라.

감사 목록을
만들어라

'감사합니다'라는 말은 나 자신은 물론 다른 사람의 마음을 기쁘게 하는 소중한 말이다. 나를 도와준 사람의 고마움을 알아주는 것은 서로의 관계를 깊게 만들어준다.

교통사고가 났지만 내가 작은 부상을 당했다고 가정해보자. 나는 어떻게 나 자신에게 말할 것인가. "이 정도 부상에 그치게 해줘서 감사합니다"라고 말한다면, 나는 나 스스로를 위안하고 감사하게 된다. 성경에서도 "항상 기뻐하라. 쉬지 말고 기도하라. 범사에 감사하라"라며 감사함의 중요성을 갈파하고 있다.

성공하려면 '감사합니다'를 생활화해야 한다. 하루에도 수십 번씩 정말 감사하다고 말하자. 나를 도와줬던 주변의 모든 사람에게 고마움을

감사 목록

친구야, 고마워.

아들, 고마워.

여보, 고마워.

선생님, 고맙습니다.

부모님, 감사합니다.

전하자. 친구, 동료, 상사, 부하직원 등 누구에게든지 고마워하자. 고마움에는 크고 작음이 없다. 중요한 고마움과 중요하지 않은 고마움이란 없다.

부모님에게 감사한 일 100개를 써봐라. 부모님을 바라보는 나의 생각이 바뀌게 된다. 마주하기 싫은 친구가 있다면, 그 친구 때문에 감사한 일 50개를 써보자. 그 친구가 이상하게 고마운 사람으로 바뀌게 된다.

살고 싶지 않은 일이 있으면, 내가 지금 살아 있어 감사한 일 100개를 적어보자. 지금 내가 가진 생각이 모두 잘못됐음을 스스로 깨닫게 될 것이다.

현재를 탓하지 마라. 감사한 일들을 적어보면 현재가 기쁨으로 바뀌게 된다. 꿈을 꿀 수 있음에 감사하라. 살아 있음에 감사하라. 두드림에 감사하라. 이 책 《두드림, 불가능을 즐겨라》를 만난 것을 감사하라. 이 감사함은 당신의 삶에 큰 기쁨을 줄 것이다.

평생 두드림하라. 날마다 꿈꾸고 도전하라. 원하는 것을 두드리면 성공의 문이 열릴 것이다.

두드림 실천법 ⑥

- **감사 목록을 만들어라.**
  - ▸ 부모님에게 감사할 일을 적어라.
  - ▸ 가족에게 감사할 일을 적어라.
  - ▸ 동료, 후배, 친구에게 감사할 일을 적어라.
  - ▸ 선배, 스승에게 감사할 일을 적어라.
  - ▸ 회사와 상사에게 감사할 일을 적어라.
  - ▸ 배우자, 애인에게 감사할 일을 적어라.
  - ▸ 나 자신에게 감사할 일을 적어라.

- **이 책 《두드림, 불가능을 즐겨라》에 대해 감사한 마음을 적어라.**
- **감사 목록은 항목당 최소 50개를 적어라.**
- **날마다 감사드릴 일을 만들어라.**
- **감사 내용을 공개하라.**

두드림

불가능을 즐겨라

초판 1쇄 2017년 3월 2일
3쇄 2017년 4월 10일

지은이 MBN Y 포럼 사무국, 최은수(대표 저자)
펴낸이 전호림
책임편집 고원상
마케팅·홍보 강동균 박태규 김혜원

펴낸곳 매경출판㈜
등 록 2003년 4월 24일(No. 2-3759)
주 소 (04557) 서울시 중구 충무로 2 (필동1가) 매일경제 별관 2층 매경출판㈜
홈페이지 www.mkbook.co.kr **페이스북** facebook.com/maekyung1
전 화 02)2000-2610(기획편집) 02)2000-2636(마케팅) 02)2000-2606(구입 문의)
팩 스 02)2000-2609 **이메일** publish@mk.co.kr
인쇄 · 제본 ㈜M-print 031)8071-0961
ISBN 979-11-5542-629-6 (03320)

'디 오렌지(The Orange)'란?

'MBN Y 포럼' 서포터스로 성공을 꿈꾸는 '희망 원정대'를 의미한다. 창의와 열정을 상징하는 오렌지는 MBN의 대표 색깔로 '황금'과 '부자', 즉 경제적 성공을 뜻한다. MBN Y 포럼 사무국과 포럼을 함께 기획하며 기자, 작가, PD, 앵커, 아나운서, 포럼팀 등 다양한 분과에서 MBN 임직원들의 멘토를 받으며 대한민국 미래 리더가 될 꿈을 키운다.

'디 오렌지' 자료 조사팀

고유진, 구주연, 김경아, 김나현, 김동표, 김민아, 김보미, 김현화, 김희재, 남진희, 박신영, 박찬, 방준창, 안철현, 윤종서, 이소영, 이수민, 이승혜, 이신혜, 이연주, 전다인, 전민제, 전유찬, 조정경, 조현재, 최소연, 최수지, 최희지, 한예은, 함상욱

'MBN Y 포럼'이란?

1등 종합편성채널 MBN이 대한민국의 미래를 책임질 20~30대에게 꿈과 비전, 도전 정신을 제시하기 위해 기획한 글로벌 청년 포럼으로 '두드림(DoDream) 포럼'이 별칭이다. Y는 대한민국의 미래를 이끌 젊은 세대(Young Generation), 즉 Y세대를 상징한다.

'MBN Y 포럼'을 만든 사람들

MBN 보도국 산업부

최은수 부장, 정성욱·강호형·류철호 차장, 이혁준·이상은·선한빛·윤지원 기자, 정경운·김가영·이주연 연구원

MBN Y 포럼 사무국

신명호 차장, 황선화 과장, 차유나 대리, 강보현·권준석·김민규·박은정 주임, 신유빈 연구원